跨境电商创新创业
人才培养模式的研究与实践

单艳艳　陈　镇　著

中国原子能出版社

图书在版编目（CIP）数据

跨境电商创新创业人才培养模式的研究与实践 / 单艳艳，陈镇著. --北京：中国原子能出版社，2023.4

ISBN 978-7-5221-2678-4

Ⅰ. ①跨… Ⅱ. ①单…②陈… Ⅲ. ①电子商务–人才培养–培养模式–研究 Ⅳ. ①F713.36

中国国家版本馆 CIP 数据核字（2023）第 072372 号

跨境电商创新创业人才培养模式的研究与实践

出版发行	中国原子能出版社（北京市海淀区阜成路 43 号　100048）
责任编辑	白皎玮
责任印制	赵　明
印　　刷	北京天恒嘉业印刷有限公司
经　　销	全国新华书店
开　　本	787 mm×1092 mm　1/16
印　　张	11
字　　数	214 千字
版　　次	2023 年 4 月第 1 版　2023 年 4 月第 1 次印刷
书　　号	ISBN 978-7-5221-2678-4　　　　定　价　76.00 元

前　言

随着移动互联网和智能信息技术的广泛运用，跨国电子商务（诸如亚马逊、eBay、速卖通等）正在全球范围内迅速发展。各大品牌厂商、电商平台、传统零售企业均纷纷进入跨境电商领域，跨境电商发展迅速。随着我国消费结构和消费理念的不断提升，我国网购市场规模在社会总零售中占比稳中有升，进口交易在跨境贸易中的占比也逐步增大。

在跨境电商背景下许多人才能够抓住机遇，实现自身人生的转折，但是在创新创业的过程当中也容易受到许多因素的影响，面临着许多挫折，甚至会导致一些人一蹶不振。为了发展人才经济、发挥人才对行业发展作用，便需要从市场需求出发培养创新创业人才，促进跨境电商经济的稳定增长。通过进行国际合作增强国际竞争力，提高国际收入；通过促进培养创新创业人才，能够帮助企业满足对跨境电商优秀人才的需求，带动社会经济的进步与发展。

本书首先阐述了跨境电商背景下创新创业人才培养模式的重要意义、国内外跨境电商人才培养以及跨境电商平台创业的发展趋势，其次分析了跨境电商平台创业相关概念、跨境电商发展趋势，之后探讨了高职学院学生创新创业教育与创业文化的现状、跨境人才需求困境和培养现状、跨境电商双创型专业人才胜任素质模型、创业人才的创新意识与创业技巧，最后重点讲述了"双创型"跨境电商人才培养模式的实践，以此供相关人士参考与交流。

本书在撰写过程中，借鉴了不少专家学者已有的研究成果，在此，对他们一并表示诚挚的谢意。限于作者水平，书中难免存在缺点和不妥之处，敬请读者批评指正。

目　录

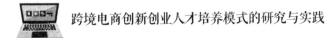

第一章 导 论

第一节 研究背景与意义

随着全球经济的不断发展，电子商务的发展也呈现出新的态势，近年来发展尤为迅猛。在遭遇金融危机之后，传统外贸行业遇到寒冬，而以小额化、碎片化的跨境电子商务成交量逆势增长，成为众多企业尤其是传统外贸企业争相扩展的新天地，甚至占据企业全年业务量的一半以上。跨境电商早已成为未来外贸发展的主流趋势。对于培养以技能型为主的新型外贸人才的高职院校，如何培养出适应新业态发展的新型外贸人才成为核心问题。

一、"大众创业，万众创新"的政策导向

当今社会是一个以知识、信息和技术为基础，以创新创业为动力的知识经济时代。知识经济的兴起不仅要求新型的生产方式、要求人要适应新型的生产方式，还要求适应时代的新的教育。

时任国务院总理的李克强在 2014 年夏季达沃斯论坛上提出，要在全国上下广泛掀起"草根创业""大众创业"的浪潮，形成"人人创新""万众创业"的态势。同年 11 月，李克强总理在首届世界互联网大会中外代表座谈时强调要促进互联网共享共治，推动大众创业、万众创新。时任国务院总理的李克强 2015 年在《政府工作报告》指出，推动大众创业、万众创新，有利于促进就业，增加人民收入，同时对于促进社会纵向流动和公平正义具有积极意义。

《政府工作报告》将大众创业、万众创新提升到中国经济转型和保增长的"双引擎"之一。自"双创"成为国家战略之始，从中央政府到地方省市陆续出台支持创业创新的系列优惠政策。

2015 年 3 月，《国务院办公厅关于发展众创空间推进大众创新创业的指导意见》出台。6 月，《国务院关于大力推进大众创业万众创新若干政策措施的意见》发布。

2016 年 5 月，国务院办公厅印发《关于建设大众创业万众创新示范基地的实施意

见》，指出：要在更大范围、更高层次、更深程度上推进大众创业万众创新，打造发展新引擎。教育部在《关于推进高等职业教育改革创新引领职业教育科学发展的若干意见》文件指出：高等职业教育要承担起服务地方经济发展和建设现代产业体系的时代责任，主动作为，满足区域经济和社会发展的需要，培养足够数量的、结构合理的高技能人才，在扩大就业、改善民生，推进全面小康社会的建设方面做出应有的历史贡献。从地方看，全国多个省份已经出台支持"双创"的相关政策措施。

当前，大众创业、万众创新的理念日益深入人心，然而同率先迈入创新驱动的国家相比，我国大学生在创新创业上普遍存在着创新精神不够、创新能力偏低、创业意愿不足、实战能力较弱、生存型多社会型少、资源型多知识型少等问题。处于新旧经济发展方式换的历史结点上，高等学校应不断提升对创新创业教育认识，树立创新创业教育理念，将大学生的创新创业精神和能力培养作为高等学校人才培养的基本内容之一，进而形成适应本土创新驱动，并能促进人的实际发展的创新创业教育理论与实践体系，使更多大学生成为具有创新精神的知识劳动者、面向知识要素的创业者和通过创新创业活动实现自我全面发展的人。教育必须承担起它应有的历史责任，通过开展面向全体学生的公共创新创业教育，来大规模地复制和再生产创新创业精神与能力。

二、跨境电商的飞速发展急需大量"外贸＋电商"的复合型人才

2015年3月，《政府工作报告》中第一次提出"互联网＋"的概念。同年6月国务院出台《关于促进跨境电子商务健康发展的指导意见》，提出用"互联网＋外贸"的模式实现产品贸易模式优进优出，我国跨境电商企业迎来了迅猛发展的大好时机，越来越多外贸企业进军跨境电子商务市场。2017年9月，李克强总理在国务院常务会议上指出以跨境电商发展为突破口，推动国际贸易自由化、便利化和业态创新，对加快转变外贸发展方式、增强综合竞争力具有重要意义。2017年10月习近平总书记在党的十九大报告中强调加快建设创新型国家，拓展对外贸易，培育跨境电商业态新模式，推进贸易强国建设。"电商"作为新型产业，不仅人才存量严重不足，而且高职院校人才培养供给也无法满足企业用人需求，出现了行业快速发展与人才供应不足的矛盾现象，"外贸＋电商"的复合型人才十分短缺。由于跨境电商发展时间较短，各高职院校基本没有设立专门的跨境电商专业，而跨境电子商务兼具国际贸易和电子商务的特点，尤以国际贸易为核心，因此，国际贸易专业的学生更能满足企业的要求。目前，大多高职院校采取将现有的国际贸易专业的培养方向调整为跨境电商方向，以适应跨境电商业务快速发展的需要。

三、跨境电商对国际贸易专业人才提出的新能力需求

一个合格的跨境电商从业者需要的知识与技能是多方位的，因而跨境电商企业对人才的综合性要求较强，对从业人员在知识结构和工作能力上都提出了新要求，概括起来有三大主要工作任务：进出口业务运营、客户沟通与服务和跨境电商平台维护与管理。相较于传统国际贸易，除了谈判、函电、接单、跟单、核算、结算、通关、退税、物流、保险等外贸的专业技能之外，网站运营能力、网络营销能力、物流及供应链管理能力、小语种交流能力是跨境电商从业人员急需的新专业技能。

由此可见，跨境电商与传统国际贸易在从业人员的能力需求存在明显的差异，在这种情形下，国际贸易专业如果还要维持以往的教学内容和教学模式，那么人才的培养质量将很难适应跨境电商企业的需求与发展。

四、对接跨境电商发展背景下高职国贸专业人才培养模式改革需要

为适应跨境电子商务发展的新趋势，传统国贸专业人才培养模式必须要进行调整。通过多方调研，发现高职外贸专业应该更加注重为中、小微型外贸企业培养人才。高职院校以培养实用型、技能型人才为目的，就要以职业能力培养为核心，以企业实际需求为导向。因此，在调研了大量中、小微型外贸跨境电商企业之后，获悉了其跨境电子商务岗位核心工作技能；明确了跨境电商人才规格的具体要求；通过分析跨境电商岗位的工作任务、职业能力与岗位职责，确定高职院校国贸专业跨境电商背景下人才培养目标。在"一带一路"倡议下跨境电商背景下高职国贸专业人才培养模式需要进行相应改革，采用"国贸专业电商化改造"的方式进行构建。在课程设置中，除了原有的国际贸易、商务英语类课程外，应该增设跨境电商平台操作与运营类课程，如可增加跨境电商实务、跨境网络营销、跨境电商平台操作、国际物流操作等课程。除了增设课程之外还要在一些原先开设的课程中增加与跨境电商有关的知识内容，如在国际货运代理实务中增加小包邮递、国际专线物流等内容，使学生具备在跨境电商平台开展外贸业务的知识和技能。在国际结算中增加电商支付平台中出现的新支付工具和支付技巧，了解跨境电子商务的第三方支付平台等扩展内容。跨境电商发展速度快，新技术的运用非常迅猛，提高师资队伍的专业素质、加强师资队伍建设是提高跨境电商办学质量的重要保障。因此，可以通过校企深度融合，打造一支"校企结合专、兼职师资团队"。高职国贸专业在跨境电商背景下进行整体课程体系重构后，为了培养学生的综合职业技能，要尽可能地为学生开创多方位、多角度的专业拓展训练环境。人

才培养模式改革需要根据"外贸＋电商"专业的人才培养要求与实训教学特点，摒弃之前落后的教学式实训软件，积极与跨境电商企业合作，努力构建"电子商务孵化基地"。

五、有利于带动和引领高职院校其他专业的创新创业教育的建设

对于高职院校来说，国际贸易专业（跨境电商方向）教育中融合创新创业教育，学生在这样的教学模式下自然提高了创新意识，通过教师的指导也提高了个人的创新创业能力，真正成为社会需要的应用型人才，与现代社会第三产业对岗位人才的要求相适应。对于一个成功的创业者来说，他们不仅要具备一定的专业背景知识，还要有创新创业能力，实现两者的有机融合才能让更多的高职学生在自己的领域中有所创新，实现高职教育专业人才的培养与创新创业教育一体化。打造一支"双师型、双语型、国际化"专兼结合的教学团队，构建现代化开放性、经营性跨境电商实战教学平台；构建数字化、多元化、开放式的网络教学资源平台；构建全过程、多方位、开放式的教学管理体系；形成创新创业与专业教育有效融合的人才培养方案，有利于带动和引领高职院校其他专业的创新创业教育的建设。

第二节　国内外跨境电商人才培养研究综述

一、国内外跨境电子商务发展研究

跨境电子商务的优势使得各国都希望借助这一新兴的贸易模式来实现本国对外贸易的发展。我国在传统对外贸易形势不乐观的基础下，跨境电子商务却快速增长，得益于国家对跨境电子商务发展的大力支持。

（一）国内跨境电子商务发展研究

1. 关于影响我国企业应用跨境电子商务因素的研究

Estrella Gomez-Herrera 等采用引力模型分析，表明跨境电子商务缩短了国际贸易的地域，却增加了跨语言沟通的障碍。杨坚争和刘涵调查发现我国企业规模越大，应用跨境电子商务的水平越高。而谌楠和刘罡认为基础设施准确度、收益、外部压力以及政策是影响企业运用跨境电子商务的主要因素，企业规模只起调节作用。杨坚争和于

露、杨纳川等论述了影响跨境电子商务交易第三方平台使用效果的因素：网络营销、国际支付条件、电子通关、法律规范和国际物流，而王敬兰认为信用缺失也是影响因素。王林等进一步得出营销能力是影响跨境电子商务发展的关键，物流是影响瓶颈的结论。针对特定地区，杨坚争和李子发现法律问题，法律规范和国际经济环境依次是影响长三角地区跨境电子商务的因素。APEC Business Advisory Council 构建了跨境电子商务框架以评测影响企业运用跨境电子商务的因素。张利等基于基础创新扩散模型从外部影响因素、内部影响因素和最大市场潜量影响因素三个角度分析总结了企业应用跨境电子商务模式的影响因素。

2. 有关跨境电子商务法律法规制度问题的研究

蔡庆辉就跨境电子商务所得思考，认为电子商务所得分类规则面临困境，同时我国政府应尽快制定并颁布税收相关方面的法规。Rifat Azam 指出跨境电子商务应该征税，税收将由全球税收基金这一全新的机构管理。路向东等分析到我国跨境电子商务的发展冲击着现行税收制度，在明确跨境电子商务税收原则的基础上，应完善税收政策，对税收征管提供技术保障。

杨松和郭金良对比了跨境电子支付服务风险监管的国内外现状，并对完善我国跨境电子支付服务风险监管提供了建议。王杏平等认为跨境电子支付给外汇管理带来了挑战。杨松和郭金良表明第三方支付服务机构在适用现存的金融监管体制时具有不协调性，我国跨境电子法的法律监管应权责统一。

由于跨境电子商务加剧了清关难度，需要制定一套有效的通关政策体系（鄂立彬等，2014）。张奇从海关监管模式、信息管理平台、跨部门联系配合机制和法制建设对海关跨境电子商务实施监管过程中出现的问题提出了建议。李海莲和陈荣红探索了我国跨境电子商务通关制度，建议海关从四个方面优化通关流程。

陈建玲认为消费者跨境电子商务争议除了运用传统的争议解决方式外，更理想的是运用网络争议解决方式。针对跨境电子商务有效争议解决机制，薛源尝试构建了跨境电子商务交易全球性网上争议解决体系。

3. 跨境电子商务物流现状的研究

李向阳指出为促进跨境电子商务发展，提高竞争力，必须重视跨境物流网络建设。资道根以跨境电子商务海外仓模式下的库存控制为研究对象，建立数理模型，指导了跨境电商海外仓库存的控制。冀芳等发现跨境电子商务与物流网络系统之间缺乏协同。柯颖通过构建企业对个人（B2C）跨境电子商务物流模式选择的理论模型，得出结论：B2C 企业对物流模式的选择受购买国制度、顾客行为偏好、物流水平的影响。伍剑琴同样分析了 B2C 跨境物流，认为应提供专业化个性化的物流服务，建立物流企业合作联盟，并建设海外仓。李雪等综合运用供应链运作参考模型（SCOR）和协同式供应链库存管理（CPFR）供应链思想，建立跨境电子商务物流供应链流程模型，并以此解释跨境电子商务物流的协同运作机理。在互联网迅速发展的形势下，跨境电子商务与跨境物流将协同发展。李红卫在全球经济一体化与"互联网＋"大环境下，大力推行电子化支付方式，健全跨境电商物流支付体系。采取科技与智慧加持物流行业措施解决中国与"一带一路"沿线国家跨境电商物流合作面临的难点。

4. 我国跨境电子商务的发展模式和策略的研究

郑栋之认为我国跨境电子商务的发展应出台政策，提升品牌价值，并加快物流系统建设。金虹和林晓伟根据系统性的分析方法提出我国跨境电子商务的云平台物流发展模式，指出我国跨境电子商务发展的命脉是跨境物流及全球化布局，而信息化的产业整合是根本。严圣阳认为物联网技术可以改善跨境电子商务模式，提升产业供应链的跨境配套能力。李耀华就外贸企业应该选择"互联网＋产品""互联网＋服务""互联网＋物流"中何种经营模式给出了建议。韩琳琳和田博针对上海自贸区跨境电子商务出口模式研究发现：提升中、高附加值产品出口比重有利于我国出口贸易的发展；通关效率、物流效率对中、高附加值产品的出口拉动作用大于低附加值产品；而信息化水平的提升能拉动各种产品的出口。

5. 我国跨境电子商务发展的现状趋势、问题以及解决方法的研究

王外连等指出我国跨境电子商务的优势：基于传统贸易而优于传统贸易、有政府的支持、有电子商务的发展基础。赵志田和杨坚争从产业创新系统视角研究了中国跨境电子商务发展要素及其联动关系。资道根运用灰色 GM(1,1)模型预测了 2013—2016 年的跨境电子商务贸易额，指出政策的支持对我国跨进和电子商务的发展尤为重要。李学军和齐道明将"一带一路"倡议与我国跨境电子商务相结合，认为应充分利用相关战略资源，发展跨境电子商务。冯亚楠和刘丹指出了跨境电子商务的四大问题：物流、通关、支付体系和信用建设，而蔡晶在此基础上讨论了结汇问题。沈瑞和王莉认为跨境电子商务重组了传统的贸易模式，并导致脱中间商现象和重建中间商现象并存。王艳丽等分析了我国跨境电商的发展现状：增速快，以跨境出口为主，销售平台多，模式丰富，以第三方平台为主。

（二）国外跨境电子商务发展研究

目前，全球电子商务领域的发展是不平衡的，呈现出的状况是：美洲、欧洲和亚洲三个地区独大的情况。2017 年度全球跨境电子商务报告中显示，跨境电商进出口主要集中在美国、英国、德国、中国等国家。本书选取了几个典型国家进行论述。

1. 美国跨境电子商务的发展状况

美国是全球依靠互联网技术发展电子商务最早且发展程度最成熟的国家，也是全

球拥有最多优秀品牌的电子商务市场，一直到现在仍然是领先和主导的地位。2021 年美国人口数量为 3.32 亿，仍然是世界第三人口大国。其中，互联网用户数量达到了 3.07 亿，互联网渗透率达到了 92.5%，在全球名列前茅。而随着互联网渗透率的上升，社交电商开始蓬勃发展。相比于 2020 年，2021 年美国的电商增长率实现了"正常化"，14%的在线销售增长率与疫情前五年中位数增长率持平。由于 2021 年全国大部分地区都接种了疫苗，购物者纷纷返回商店，美国去年的电商和线下销售额增长速度大致相同。

2. 欧洲跨境电子商务的发展状况

欧洲的电子商务起源相比较于美国而言稍晚一些，但是发展速度较快，现在也成了世界的排头兵。2020 年，欧洲跨境电商市场规模高达 950 亿欧元，占据欧洲电商销售总额 22.8%的份额。其中 38%欧洲消费者热衷于跨境购物，他们的包裹多是来自中国。可见，在一定程度上，中国跨境电商卖家正推动欧洲电商市场的发展。但同时，欧洲是多语言、多文明、统一又多元的社会，当地的电商企业都是各自为战，相互之间很难联通。

二、国内外跨境电子商务人才培养研究

（一）国内跨境电子商务人才培养研究

面对国内跨境电商快速发展所引起的巨大人才需求，如何培养高水平、高素质、满足企业需求的跨境电商人才成为了跨境电商研究领域的另一大重要课题。

1. 跨境电商人才培养模式

孙从众（2015）认为"三位一体"的教学模式为基础，从课程建设、校企合作和创新创业三方面深入探索跨境电商人才培养模式。产教融合培养模式（孟亚娟，2015；郑斌斌，2016；梁国平，2017；邓志超，2017）。从供给侧的研究角度，探讨人才培养模式（邓志虹，2016；郑菁，2017）。校企深度合作的跨境电商人才培养模式（林洁等，2016）。构建"互联网＋"背景下高职院校跨境电商人才培养模式（许静，2018；张蓓，2017；张钦娟，2017）。

2. 跨境电商人才培养策略

从不同角度提出了跨境电商人才培养策略。校企深度合作（朱超才，2016；韩国威，2016）；跨境电商人才长效培养机制（李迅，2017；吕宏晶，2017）；加强师资队伍建设（杨晓辉，2016；张金泽，2017）；创业团队孵化（韩国威，2016；徐宏业，2016）；夏爱玲（2018）提出了注重学生技能与人文素养培养、优化课程结构与创新教

学模式、加强师资队伍建设和国际视野下的跨域校企合作"四个标准"对接的创新人才培养对策。

3. "一带一路"背景下的电商人才培养

国内研究人员从市场需求（彭铁光，2016），实行"师带徒"产教融合模式（郑斌斌，2016），从深化校企合作、科学构建课程建设（夏爱玲，2018）、拓展实践平台等方面对电商人才培养进行深入探索，着力培养适应"一带一路"发展的紧缺人才。郭熙（2018）通过对跨境电商企业对应届毕业生的招聘条件分析和对现有培养模式和方法的梳理，提出了"一带一路"跨境电商外贸人才培养的新模式、新方法。

4. 跨境电商人才培养途径

钟玲玲（2015）从跨境电商产业链的角度出发，分析了跨境电商产业的岗位需求及技能需求，对外贸电商人才培养路径进行了研究。王琼（2016）从人才培养模式、校内校外实训基地和素质教育体系三方面进行研究。梁恒等（2018）把阿里生态产业引进高职院校，与企业联合培养学生，加强高职院校经管类人才培养和实践育人路径等方面提出了与企业、高职院校实际相结合，切实可行的解决方案。

5. 跨境电商人才培养创新

杨璘璘（2016）提出构建"一带一路"下高端跨境电商人才的软能力框架。建设基于团队协作、专业分工的跨境电商师资队伍（张金泽，2017；李世红，2017）。潘冬梅（2018），王汉荣（2016）等提出创新创业教育新型高职院校人才培养模式。

6. 跨境电商人才培养校企合作

校企合作共建跨境电商创新创业孵化中心（邓志新，2016；王丽丽，2017）。张谦（2017）强调完善跨境电商人才培养校企合作的路径研究。林洁等（2017）以杭州师范大学钱江学院为例，研究了基于校企深度合作的跨境电商人才培养模式。

（二）国外电子商务的研究

1. 电子商务对国际贸易的影响

Lee.W.Meknight 和 Joseh.P.Baley（2007）第一次较明确地提出了对"网络经济"定义的解析。Abbas Asosheh 和 Hadi Shahidi-Nejad（2012）研究了伊朗地区的跨境电商活动，提出电子商务对全球供应链的重要作用，认为 B2B 模式是促进伊朗地区跨境电子商务快速发展的重要推动力，并使用了局部模型分析对跨地区贸易活动进行研究。

2. 跨境电子商务实施的影响因素

Aim James 和 Melnik Mikhail I（2010）以 eBay 的销售数据为研究样本，对参与跨境电商的卖方主体纳税遵从度进行了调查研究。Bertin Martens 等（2012）研究了跨境电子商务在物流模式、在线支付和成本优势等方面迅猛发展的原因，提出可以通过采取改善跨境电商法律和金融监管等一系列措施优化行业市场环境和提高总体运营效率。Santiago Iglesias-Pradas 等（2013）认为参与跨境电商交易的消费者在决定交易与否的过程中最容易受到基础设施、交易风险、产品和服务的需求得不到满足和在线交易流程不明确等因素的影响。

3. 电子商务的人才管理和发展

20世纪90年代，电子商务在全球快速发展，欧美高职院校开始关注电子商务的研究。Sushil K.Sharma（2015）所写的论文中主要展示了数字经济时代电子商务对社会经济的影响，其中在人才管理方面，指出电商企业高管为了缓解人才竞争压力、降低离职率，采用远程办公的方式来吸引新入职的员工，同时采取一系列补助措施。Nisha Chanana 和 Sangeeta Gode（2012）指出电子商务在印度发展迅速，相关从业人员的数量将在两到三年内成倍增长，所需人才将包括技术人才、产品生产、分析、采购、销售及相关管理人员，印度管理学院（IIMs）和印度理工技术学院（IITs）等高职院校将成为电商企业人才的主要供给来源。

国外学者的研究主要针对电子商务对国际贸易的影响和跨境电商实施因素分析，对电子商务人才的培养研究甚少。国内学者的从跨境人才培养策略、人才培养途径、人才培养创新等方面进行了较深入的研究。对人才培养模式的研究较为空泛，没有科学量化的方法来实践检验研究成果。如何根据跨境这一实践性行业中不同岗位的具体需求，把创新创业教育与对接"一带一路"具有国际视野的跨境电商人才培养结合起来，对创新创业教育与专业教育进行系统再设计，培养创新创业型跨境电商人才的研究还处于起步阶段，任重而道远。

第三节　跨境电商平台创业的发展趋势

一个行业的发展前景，主要取决于政策环境与市场环境。从政策上看，新政出台表面上看是压制了相关消费、打压了跨境电商，但本质上是国家对跨境电商监管规范。这说明政府层面更加认可和重视跨境市场，也意味着跨境电商已逐步涉及更多的品类。我们完全有理由期待一个更加规范的跨境电商大市场的到来。从市场环境上看，跨境电商作为基于互联网的运营模式，正在重塑中小型企业国际贸易的生态系统，打破了传统外贸模式，使企业跳过进口商、分销商等环节，直接与个体批发商和零售商，甚至是终端消费者进行贸易，大大降低了贸易成本。

从2013年开始，越来越多的传统外贸企业开始转型，投身到跨境电商的洪流当中。

作为众多传统外贸企业"触网"第一步的首选，跨境电商平台扮演着极其重要的角色，为企业提供交易场所。如人们熟知的B2B交易平台敦煌网、阿里巴巴、B2C交易平台eBay、速卖通等。这几年有很多跨境电商平台依靠为买卖双方提供交易服务，以促进双方在互联网上达成交易来运营。但平台交易这种模式看似为运营传统外贸模式的企业减少了不少成本支出，而随着交易平台自身的发展，也暴露出不少无法避免的弊端。平台入驻虽然门槛低，但是运营规则多且千变万化，入驻商家必须遵守平台规则，而这些规则或多或少会对商家的运营产生了一定的干预。由于平台限制，商户只能依赖平台给商户带来的流量来进行交易。

一个主流的交易平台上必然会聚集大量的同行。买家通过站内搜索或是引导栏进入的页面当中，同样的产品有着上千家商家在贩卖，价格不一，买家总会以价格作为第一眼缘进入到某家店铺当中。这也就意味着同行之间比价竞争非常之大。

在贸易平台上交易时，买家货款交由平台实施第三方托管，买家收货后确认，货款再由第三方转移到卖家账户。这种模式在交易顺利的情况下有利于保护买卖双方，但如果交易过程中出现纠纷，那么就会出现很多麻烦。如买家提出退货或退款申请而未能与卖家协商解决，买家会向平台提出申诉，而后平台根据情况做出裁决。

平台虽然能为商户带来一定的订单和流量，但是由于平台的各种规则限制，例如交易纠纷等细则，经常导致卖家处于一个非常被动的状态。因此，它们并不稳定，而贸易平台交易纠纷更是直戳卖家痛点。大型跨境电商平台虽然资源丰富、实力雄厚，但是在交易纠纷裁决的过程中，它们的天平会向买家倾斜。

其实，在进行跨境贸易当中，平台并不是唯一的选择，商户应该开展全渠道模式进行业务发展，学会分销风险，避免把鸡蛋都放到同一个篮子里。商户应该利用自身资源，尽可能多地找资金、找资源、涨流量，而不要过度依赖某个平台。产品需要更多的销路，而邮件营销、独立网站等都是不弱于平台交易的模式。独立地建设自主网站不失为一个出路，然而很多用户并没有认识到这一点，认为交易平台与独立网站是二选一的对立关系，忽略了两者的互补性。实际上交易平台与独立网站并不相冲，独立网站正好弥补了平台这一系列的弊端。

区别于交易平台，独立网站可以拥有属于自己的域名与空间，网站设计上更加个性化。那么独立网站能为商户带来什么好处呢？这种模式是否适合全行业内的商户呢？

一、树立网站品牌

平台上的域名始终归平台所有，能自定义的只有二级域名，从品牌宣传的角度来看，平台的域名明显不够高大上。拥有独立网站就相应地拥有了一个独立的域名，宣传推广的也就是自己的国际域名，将商家和客户聚集在自己的平台上，在自己付出努力的同时，也为自己的网站赚取更多的流量和知名度。从长远来看，独立网站对建立稳定的销售渠道、宣传品牌和培养企业文化有非常重要的作用。如果商家创业的目的除了利用商品进行盈利之外，还希望能够走上品牌的道路，那么独立网站将是你必须要完成的一件大事。

二、个性化网站设计

建立独立网站，可以根据产品特色、企业特色来进行设计，网站上一切的功能都可以根据自身企业的需求去建立，不会受到限制，同时在后台可以开通更多的支付接口提供给用户选择。同时还可以在网站上增添各种能提供信任度的小设计，增强用户体验。这一切都是由企业来掌控。

三、把握推广效果

很多企业认为只要平台知名度高、流量大，在平台中开设的店铺也能引入极高的流量和订单，其实并不然。正是由于平台知名度大，入驻商家多，竞争就越激烈，在上面所有的宣传都是依赖平台的推广政策来实施，商户无法把握推广效果。一旦触犯了平台规则，店铺被强制关闭，那么所有的推广都会成为泡沫。

四、自主处理问题

就像上文所说的那样，实际上平台在买卖双方发生纠纷的时候，更加倾向于保护买家，而不是卖家，很多不法分子会利用平台保护买家的政策漏洞来对卖家进行诈骗来获取退款和货物。独立网站可以通过接入可靠的第三方支付平台，对于卖家和买家利益均有保障，不会偏向哪一方的利益。这对在平台里受尽窝囊气的卖家来说，无益于一缕曙光。

五、流量更稳定和精准

相对于交易平台来说，一个运营成熟的独立网站，即使不作任何推广，它的流量都是稳定而又精准的，因为客户通过搜索引擎的搜索而进入你的独立网站，必然带着很强烈的购买意向，当这一位用户进入你的网站时，他就已经成为你的准客户了。

综上所述，最理想的就是 1+N 的模式来经营，也就是平台和独立网站相结合，这样不仅可以在平台上学习经验，积累客户，还可以是一种推广方式，平台上流量大、客户多，如果将平台上面的流量引入独立网站之中，利用网站的各种设计去增加客户的黏性，让平台客户成为自己网站的客户，以这种平台—独立网站的模式来经营，一定可以在提高销售的同时建立属于自己的品牌，让企业走得更远。

第二章 相关概念界定

第一节 创新创业型人才

一、创新与创业概念

（一）创新的概念

习近平总书记在 2013 年五四青年节与首都各界优秀青年代表座谈时，鼓励广大青年要"苟日新，日日新，又日新"。创新对于一个民族、一个国家来说，是进步的灵魂，是兴旺发达的不竭源泉。创新的本质是进取，是推动人类文明进步的激情；创新就是要淘汰旧观念、旧技术、旧体制，培育新观念、新技术、新体制；创新的本质是不做复制者。因此，创新实际上就是从观念、理论、制度到实际行动的创造、革新、进步和发展的过程。

创新是指人们为了发展的需要，运用已知的信息，不断突破常规，发现或产生某种新颖、独特的有社会价值或个人价值的新事物、新思想的活动。创新的本质是突破，即突破旧的思维定式、旧的常规戒律。创新活动的核心是"新"，它或者是产品的结构、性能和外部特征的变革，或者是造型设计、内容的表现形式和手段的创造，或者是内容的丰富和完善。创新，顾名思义，创造新的事物。在西方，英语中 Innovation（创新）一词起源于拉丁语，它原意有三层含义：一是更新；二是创造新的东西；三是改变现状，就是对原有的东西进行改造、改革和发展。

《广雅》："创，始也"；新，与旧相对。"创新"一词出现很早，如《魏书》有"革弊创新"，《周书》中有"创新改旧"。和创新含义近同的词汇有维新、鼎新等，如"咸与""革故鼎新""除旧布新""苟日新、日日新，又日新"。

创是始的意思，是始造。创造和仿造相对。创新是指创造了前所未有的事物、新东西；也指更新或替代已有事物的新事物或新东西。创新有三种类型：一是突破性创新，其特征是打破陈规，改变传统和大步跃进；二是渐进式创新，特征是采取下一逻辑步骤，让事物越来越美好；三是再运用式创新，特征是采用横向思维，以全新的方式应用原有事物。

人类的创造创新可以分解为两个部分：一是思考，想出新主意；二是行动，根据新主意做出新事物，一般是先有创造、创新的主意，然后有创造创新的行动。

创新是指人类为了满足自身需要，不断拓展对客观世界及其自身的认知与行为的过程和结果的活动。具体讲，创新是指人为了一定的目的，遵循事物发展的规律，对事物的整体或其中的某些部分进行变革，从而使其得以更新与发展的活动。

（二）创业的概念

创业是一种需要实施者组织、运营，并运用服务、技术、工具进行思考、判断和推理的行为，是一种劳动方式。从广义方面来看，创业指的是一种创举活动，是人类做出的具有积极意义的开拓、创新型社会活动，它可以涉及人类生产生活的方方面面，只要是以前人们没有做过的，可以对人类社会产生积极影响的活动都可以定义为广义上的创业。例如，毛主席带领广大中国贫苦人民推翻了帝国主义、封建主义、官僚资本主义三座大山，建立中华人民共和国，拉开新建设新中国的序幕。又如，我国党中央新一代的领导人提出建设具有中国特色的社会主义国家，使我们的综合国力增强、人民生活水平提高，创造了新中国的千秋大业。

从狭义方面来看，创业是以经济学视角提出的单个人或是一个团队自主创立新的企业。研究创业与创业教育的先驱杰弗里·提蒙斯（JeffryA·Timmons）提出，创业是一种机会驱动、注重方法、与领导相平衡的推理和行为方式，创业将为所有者、参与者乃至其他利益相关者带来价值的产生、价值的增值、价值的实现和价值的更新。1991年，现代管理学之父彼得·德鲁克（PeterF·Drucker）在东京创业教育国际会议上提出，创业作为一种行为，不是某个人的性格特征，只要你敢于面对决策，通过学习都可能成为一个创业者，这种精神就是创业精神。同时，创业是一种系统性的工作，需要通过组织才能完成。

（三）创新型国家概念

日本对"技术创新"日益重视。20世纪80年代日本确立了"技术立国"的战略，将发展创造能力作为国策。日本提出了"创造性科技立国""创造力开发是通向21世纪的保证，要培养全球性的、进攻型的创造性人才"等口号。在韩国，把教育创新中最重要的部分放在了教育革命上，制定了"国家生存战略"。20世纪末，中国提出了"创新是一个国家和民族精神的灵魂"口号；2006年的全国科技大会提出了在21世纪第二个十年，不断提高科技创新能力，形成本国日益强大的国家竞争力，将中国建设成为创新型国家；党的十七大、十八大将创新型国家的建设确定为新时期基本国家战略；国民经济社会和科技发展"十三五"规划中也强调了加快推进创新型国家建设。2017年10月18日，习近平在党的十九大报告中指出，加快建设创新型国家。要瞄准世界科技前沿，强化基础研究，实现前瞻性基础研究、引领原创性成果重大突破。关于什么是创新型国家，普遍的观点认为，基于科技创新的基本国家战略，促使科技创新能力得以大幅度提高，最终形成日益强大竞争优势的国家。

二、创新创业人才及教育

（一）创新创业型人才

李克强总理多次在其主持的国务院常务会议上就推动大众创业、万众创新做出部署。他强调，推动大众创业、万众创新是充分激发亿万群众智慧和创造力的重大改革举措；是实现国家强盛、人民富裕的重要途径；要坚决消除各种束缚和桎梏，让创业创新成为时代潮流，汇聚起经济社会发展的强大新动能。时任国务院副总理的刘延东在《深入推进高职院校创新创业教育改革座谈会》上表示，按照十八届五中全会的要求，把深化创新创业教育改革纳入"十三五"规划，作为加快推进高等教育综合改革的重要内容、整体谋划、系统设计。刘延东表示，深入推进高职院校创新创业教育改革，是当前和今后一个时期高等教育改革发展的重要任务。根据《全国教育人才发展中长期规划（2010—2020年）》《教育部关于推进高等职业教育改革创新引领职业教育科学发展的若干意见》等文件精神的要求，积极推进创新创业人才培养是当前高职院校改革的一项。

综上可见，国家对于大学生创新创业给予了高度的重视。作为高职院校教师，我们也应主动适应和引领新常态，顺应大众创业、万众创新的新形势，主动作为，为深入推进创新创业教育改革、支持大学生创新创业引好路、架好桥、助好力。那么，什么是创新创业型人才呢？郁震、陈颖辉、高伟在《我国高职院校PBL创新创业型人才培养模式之初探》一文中给出的观点：有实践价值，创新创业型人才是复合型人才，不能认为是创业人才与创新人才二者的简单叠加重合，创新创业型人才应该具有诸如企业家的思维特点、发明家的首创意识、探险家的冒险精神，以及专业技术能力、人际关系能力和概念构建能力等。

（二）创新创业教育

20世纪末，由团中央、全国学联、中国科协等多个部门联合举办的我国第一届挑战杯大学生创业设计竞赛，极大地促进了各个高职学院对于创新创业教育的重视。

创新教育是师生共同活动的过程，是深化学生创新意识，促进学生创新潜能不断实现和发展的过程。这一过程是通过一定的有利于学生创新潜能开发的教育内容（创新教育内容）和教育手段等中介来相互发生作用的。教师、学生、创新教育内容和教育手段，构成了创新教育过程的基本要素。这些基本要素的内在联系和相互作用构成了完整的创新教育系统，它具有以下基本特征：

1. 高职院校教师的主体性

从创新教育是一种培养人的社会活动来看，教师是这一活动的组织者和指导者，他对学生创新的方向、内容和方法起着决定作用。从创新教育是一种凝结着教师主观价值判断和价值预设的活动看，教师自身的倾向、意趣、价值观等，都会对创新教育活动的方向、过程和结果产生着深远的影响。从创新教育是不断开发个体创新潜能的过程的角度看，教师在教与学的活动中处于知与不知、能与不能、会与不会等矛盾的主要方面。教师在创新方面知、能、会才有可能教会学生去创新，如果教育者不懂、不能和不会创新，那就必然没有可能使学生学会创新。

由此可见，为了促进学生创新潜能的不断实现和发展，就必须重视高职院校教师的主体性，充分发挥教师的主体作用。这就要求教师，一是要形成创新教育的基本信念，既坚信每一个学生都有创新的潜能，都能通过适当的教育获得开发，因而创新教育是面向全体学生的教育；同时，又认识到不同个体创新潜能的实现与发展，有类型和层次上的差异，因而创新教育必须注重学生的个性、独特性，因材施教。二是要掌握创新教育的教学策略和艺术，如善于提问，引发学生的思考；善于与学生沟通交流，了解学生的个性、经验；延迟判断，允许学生有思考的时间等。

2. 彰显学生的主体性和个性

从人类的角度而言，创新潜能的实现就是通过人改造自然的活动，创造人化自然的活动来塑造自身，从而使人的主体性在自然界中得以显现。因而创新是一个灌注着人主体精神的自由自觉的活动。从个体的角度而言，创新潜能的实现就是个体不同于他人的主体精神的外化，从而使主体的个性和独特性在对象上得以表征。因而创新又是一个蕴含着、体现着主体独特个性的活动。由此可见，创新教育应当在两个方面体现出创新的本质要求：一是充分发挥学生的主体精神，这就要求创新教育确立学生主体的教育观，在教育过程中，引导学生主动参与，自主活动。只有充分调动学生的主动性和积极性，才能使学生的创新潜能得以显现。因为，创新从本质上说就是主体的自我开拓、自我完善、自我发展；二是培养学生的独立的个性，这就要求创新教育尊重学生个体的差异性、独特性，依据学生的志趣、特长加以引导，使学生的个性得以张扬，因为，创新从个体的角度讲就是个性的表现。

3. 突出教育过程的开放性

人类的任何创新都是立足于"现实"（合乎必然性的存在）基础之上，并以现实为出发点和归宿的。创新从根本上讲是人立足于现实，并以其主动的活动否定现实、改造现实，从而把现存的现实变成为人理想所要求的现实的过程。因而，创新内含着以批判性思维去对待人们所面对的现实，揭示现实所蕴含的多种可能性。在创新教育的过程中，学生的主体精神力量要得以显现，个性独特性要得以外化，就需要一个开放的教育。创新教育的开放性是指，教育应始终把多样性、差异性、相对性和不确定性贯穿其中，给教育的过程提供更多的选择性、自主性和创造性，给学生主体作用的发挥和个性的发展提供充足的空间。

开放的创新教育过程，一是要建立民主平等的师生关系，只有在民主、平等、自由的环境下，学生才能感觉到爱和尊重，从"客体"变为"主体"，乐观而自信，才会变得生动活泼，积极主动，表现出强烈的求知欲和蓬勃的创造力；二是要增强学生的自主学习能力，重视学生对知识的主动探索、主动发现，教会学生学习的方法，既授之以"鱼"，更授之以"渔"，培养学生养成思维和行动的独立性、自主性；三是要培养学生求异的思维风格，学生求异的思维风格既表现为一种批判性的思维风格，也表现出一种发散性思维风格，前者是对既有的或传统的方式的否定，后者则是个体对新颖性和多样性的追求。

4. 体现教育活动的实践性

人是自我塑造，自我生成的，人的自我塑造和自我生成的实质是实现人的潜能。人的自我塑造必须通过人的实践活动，并通过实践活动所产生的客观结果来证明人的自我塑造。实践是人存在的方式之一。创新教育强调实践性的意义就在于：只有通过实践学生的创新潜能才能得以实现，也只有不断的实践学生的创新潜能才能得以丰富和发展。

创新教育体现实践性，一是要注重课堂教学中问题情境的呈现。任何一种有目的、有意识的行为，都是在一定环境中，针对特定问题而发生的。因此，在教学过程中，教师应注重向学生提供真实的问题，创设良好的学习环境，鼓励学生通过实验、独立探究、合作学习等方式来解决问题，获取知识。二是重视开展多样化的课外活动。通过开展多样化的、与学生日常生活密切相关的课外活动为学生提供运用所学知识、检测自己观点的机会和平台，使学生在活动中加深对知识的理解，促进能力的发展。

关于创新创业教育，党咨文、张小辉、张瑛和安玉兴在《创新创业型人才培养的战略谋划与战术探究》一文中归纳了创新创业教育在功能上要突出三个方面：一是对人的可持续发展能力的提升；二是对教育内涵式发展的推动；三是对社会发展的促进。国务院在《关于深化高等学校创新创业教育改革的实施意见》中指出，高等学校创新创业教育其实质在于五大方面，一是构建创新创业课程体系；二是工学结合、校企合作，建立创新创业实践教育体系；三是落实学分制度、教学考核制度，改革学籍管理制度；四是构建创新创业指导与服务体系；五是制定创新创业人才培养方案与确定创新创业人才规格标准。

三、人才培养模式

（一）人才培养模式概念的界定

学者们对人才培养模式概念界定莫衷一是，可谓是仁者见仁、智者见智。综合来讲，目前学术界对人才培养模式的定义主要有以下几种。

1. 过程说

该观点认为，培养模式实质上是人才素质要求和培养目标的实施的综合过程和实践过程。

2. 方式说

有的学者认为培养模式的本质是组织方式，是指在一定的教育思想和教育理论指导下，为实现培养目标而采取的教育教学活动的组织样式和运行方式。有的学者认为培养模式的本质是运行方式，指一定的教育思想和教育理论指导下，为实现培养目标（含培养规格）而采取的培养过程的某种标准构造样式和运行方式。而有的学者则认为是教学方式，培养模式是教育思想、教育观念、课程体系、教学方法、教学手段、教学资源、教学管理体制、教学环境等方面按一定规律有机结合的一种整体教学方式；是根据一定的教育理论、教育思想形成的教育本质的反映。人才培养模式是在一定的教育思想指导下，人才培养目标、制度、过程的简要组合是为了实现一定的人才培养目标的整个管理活动的组织方式。它是在一定的教育思想指导下，为完成特定的人才培养目标而构建起来的人才培养结构和策略体系，它是对人才培养的一种总体性表现。在他们看来，人才培养的本质就是一种方式而已，只不过对于方式的选择他们存在不同的观点。

3. 方案说

认为培养模式是在一定的教育教学思想、观念的指导下，为实现一定的培养目标，构成人才培养系统诸要素之间的组合方式及其运作流程的范式，是可供教师和教学管理人员在教学活动中借以进行操作的既简约又完整的实施方案，是为实现一定的培养目标而采取的教育方案和教育方式。

4. 要素说

认为人才培养模式是指在一定教育思想指导下，培养目标、教育制度、培养方案、教学过程诸要素的组合，是为实现人才培养目标而把与之有关的若干要素加以有机组合而成的一种系统结构。

5. 机制说

认为所谓人才培养模式是指，在一定的教育思想、教育理论和教育方针的指导下，各级各类教育根据不同的教育任务，为实现培养目标而采取的组织形式及运行机制，即是培养模式。

可以认为，学者们对人才培养模式定义相互间并不是冲突的，本质上是一致的，其分歧的原因在于学者们对人才培养模式的定义视角的差异。

学者们对人才培养模式定义的一致性主要表现在以下几个方面：

第一，人才培养模式具有目标性。从表面上看，尽管学者对人才培养模式的定义有着巨大的差异，但是他们都承认人才培养模式本质上是人才培养目标的实现。

第二，人才培养模式具有相对稳定性。无论是方案说、过程说还是要诉说，他们都承认人才培养模式具有相对的稳定性，人才培养模式的本质就是将人才培养形成一种固有的机制，也即人才培养活动规范化、制度化。因此，人才培养模式不能够随意变化，否则会造成人才培养活动的断裂。

第三，人才培养模式具有发展性。人培养模式具有稳定性并不是说人才培养模式一旦形成就不再改变，而是说人才培养模式不能随意改变，应该保持人才培养的连续性。但是，伴随着社会的发展和人才培养环境、条件的改变，人才培养模式也是变化的。在高等教育发展史上，为适应不同历史时期的社会发展对人才特征的一般性要求，大学自产生迄今其人才培养模式经过了三个历史阶段：前工业经济时代，大学的人才培养以知识为导向；工业经济时代，大学的人才培养以学科为导向；知识经济时代，大学的人才培养以素质和能为导向。

第四，人才培养模式是一定教育理念的产物。尽管学者们对人才培养模式的定义存在分歧，但是他们都认同人才培养模式是一定教育理念的产物，教育理念直接规定者人才培养模式中的人才培养目标、人才培养方式等，没有教育理念的指导，也就不存在人才培养模式。

第五，人才培养模式由诸多要素构成。无论是坚持动态的过程说、活动说，还是要诉说、方案说，他们都有一个共同的观点；人才培养模式必须由诸多要素组成，只是他们对组成的要素内容存在分歧。

据此，可以认为，所谓人才培养模式是指在一定的教育理念（思想）的指导下，为实现一定的培养目标而形成的较为稳定的结构状态和运行机制，它是一系列构成要素的有机组合，表现为持续和不断再现的人才培养活动。

（二）人才培养模式的构成

在探讨人才培养模式的概念时，尽管学者们的定义存在分歧，但就是在这些差异的定义中却存在着一种共识：人才培养模式是在一定的教育理念指导下形成的，换言之，教育理念的存在和指导，是人才培养活动的前提，是人才培养模式形成的必要条件。遗憾的是，学者们在探讨人才培养模式的构成时却无一例外地将教育理念排除在外。笔者认为，教育理念是人才培养活动的灵魂，贯穿于人才培养活动的整个过程，规定着人才培养活动的方向。因此，教育理念是人才培养模式的构成的第一要素。

1. **教育理念**

是相对于物质和制度而言的意识层面的形式上的东西，是为人类所独有的精神特征，可视为对某种理论、观念和意识的统称。从宏观上讲，理念可以是人类的世界观，是人们对宇宙、自然和人类社会的总体看法和观点，是人们对外在和内在世界的理解；在微观层面上，理念也可以是人们对某一具体现象、行为和结果的评价和选择，是人类采取某种行动背后的理性思考。从内容上看，理念既可以是人们对客观事物和事实做出的实证分析，也可以是人们信仰的某些诸如正义、公平、善之类的价值理性。之所以要考察理念，根本原因就在于人类是具有独立意识和自由意志的生物，在一定程度上能超越客观自然的外在束缚，进行独有的思考、比较、选择。这是人类与低等动物相区别的根本之处。在某种意义上，人类的行为是人类自由意志和意识活动的结果，是人类理念的外在表现。

教育理念是人们对于教育领域内的各个运行要素（如教育制度、人才培养目标、人才培养方式）、制度和现象的理解、看法、观点和价值选择的总称。教育理念不是教育行为、运行要素和教育制度等概念本身，而是隐藏于行为、制度和想象背后的看法、观念以及价值追求。它是每一个教育主体采取不同教育行为和人才培养方式的原因，是每一种教育制度、人才培养模式所表现出来的价值取向，是每一种教育活动实施的思想根基。对于教育理念的内涵，学者们有着不同的观点。有的学者认为：教育理念是关于教育发展的一种理想的、永恒的、精神性的范型，它反映教育的本质特点，从根本上回答为什么要办教育；也有的学认为：教育理念是指学校的高层管理者以学生前途与社会责任为重心，以自己的价值观与道德标准基础，对管理学校所持的信念与态度；还有的学者提出：从某种意义上说，教育理念是教育思想家乃整个民族的教育价值取向的反映。韩延明认为，上述有关教育理念的论述与概括没有从本质上全面概括教育理念的内涵，他认为：教育理念是指人们对于教育现象（活动）的理性认识、理想追求及其所形成的教育思想观念和教哲学观点；是教育主题在教育实践、思维活动及文化积淀和交流中所形成的教育价值取向与追求；是一种具有相对稳定性、延续性和指向性的教育认识、理想的观念体系。教育理念具有民族性、国际性、导性、前瞻性、规范性的特征。建立在教育规律基础之上的先进的教育理念，作为一种远见卓识，反映教育本质和时代特征，蕴涵着教育发展的思想，是指明教育前进方向、引导和鼓舞人们为之长期奋斗教育理想。

教育理念，是人才培养活动所尊崇的教育观念和原则，它规定着人才培养活动的性质和发展方向，是一定人才培养模式建立的理论基础和依据。教育理念是教育行为和活动的内在动力，教育行为和活动必须以教育理念为先导，人才培养活动更不例外。没有教育理念的指导，教育目标必定是片面的，教育活动的结果也必定是短期的。因此，任何人才培养模式都必须在一定的教育理念的指导下建立，人才培养模式是教育理念的具体化和实践化，是教育理念的表现，对人才培养模式的探讨不能割舍教育理念。许多学者在探讨人才培养模式时，一般都没有将教育理念纳入其中。可是，他们在定义人才培养模式时却无一例外地提出对教育理念的尊崇。我们认为，教育理念应该纳入人才培养模式构成的范畴。

2. 培养目标

作为哲学范畴的目标，是指主体根据自身需要，借助于观念、理念、意识等中介形式，在行为活动之前预先设定的行为目的或结果。行为的目标或结果可以观念的形态预先存在，成为人们引起行动的原因，指导或者规定人的行为，协调和组织行动，以实现预定目标。目的作为观念形态，反映了主体对客体的实践关系。人的每一项活动，自始至终都有一个自觉的目的进行驱使和支配。人才培养目标是人们在活动前于头脑中对人才培养活动结果的一种预见和构想。对此，马克思有精辟的阐述：蜘蛛的活动与织工的活动相似，蜜蜂建筑蜂房的本领使人间的许多建筑师感到惭愧。但是，最蹩脚的建筑师从一开始就比最灵巧的蜜蜂高明的地方，是他在用蜂蜡建筑蜂房以前，已经在自己的头脑中把它建成了。劳动过程结束时得到的结果，在这个过程开始时就已经在劳动者的表象中存在着，即已经观念地存在着。他不仅使自然物发生形式变化，同时他还在自然物中实现自己的目的，这个目的是他所知道的，是作为规律决定着他的活动的方式和方法的，他必须使他的意志服从这个目的。人才培养活动源于主体的兴趣和需要，培养目标则为人才培养活动指明了方向。培养目标，是人才培养的标准和要求，是人才培养模式构建的核心，对人才培养活动具有调控、规范、导向作用。

首先，培养目标规定了人才培养活动的预期结果，为整个人才培养活动确定发展方向。其次，人才培养目标是教育理念的具体化。虽然教育理念对于人才培养有着十分重要的作用和意义，但是如果没有人才培养目标对其进行的具体化，教育理念只能是空谈。最后，人才培养目标是教育理念实现的中介环节。

3. 培养过程

培养过程是教育理念得以贯彻的中间环节，是培养目标得以实现的过程，它是为实现一定的人才培养目标而实施的一系列人才培养活动的过程。培养过程决定着人才培养目标的实现与否，决定着人才培养活动的成功与否，培养过程的优劣、科学与否至关重要。具体地讲，培养过程主要包括培养方案、培养措施两个方面。

培养方案是指为实现人才培养目标的要求而制定的一系列静态的培养措施和培养计划，它是人才培养活动的规划和计划，是人才培养模式的实践化形式。人才培养方案主要内容包括人才培养目标的定位、教学计划、课程设置、教学大纲的设计和非教学途径的安排等。其中，培养目标的定位主要是明确人才的根本特征、培养方向、规格及业务培养要求；教学计划是具体地规定着一定学校的学科设置、各门学科教学顺序、教学时数和各种活动，它是培养方案的实体内容，一般由课程的设置、学时学分结构和教学过程的组织这样三部分组成。

培养措施是指人才培养过程中为实现人才培养目标，按照一定的人才培养方案的要求，所采取的一系列途径、方法、手段的总称，它是人才培养方案的具体落实，是人才培养过程中最为重要的组成部分，包括课堂教学、实践教学等不同教学环节、教学管理的各项制度与措施及具体的操作要求。

4. 培养制度

所谓制度，是指稳定的、受到尊重的和不断的行为模式，它是行为得以延续和再次发生的根本。没有制度的存在，行为就不会重复出现，制度能够使得人类行为的再次发生，削弱了人类对未知世界认知的不确定性。从制度的结果和功能来看，制度的作用表现为制度化，是行为实现稳定的、受到尊重的和不断的行为模式的过程以及结果，是组织与程序获得价值和稳定性的过程。

培养制度是人才培养行为得以稳定存在并受到尊重和不断的行为模式，它是人才培养活动得以延续和不断再次发生的根本。人才培养活动之所以能够得以持续和延续的原因就是相关制度的存在。培养制度的存在使得人才培养活动能够制度化、规范化，只有通过制度化了人才培养活动，人才培养模式才能够得以形成和存在。所谓模式，是指能够稳定存在、持续发挥功效并且能够重复的行为方式，而这一切的形成都需要制度。具体地讲，培养制度表现为有关人才培养的重要规定、程序及其实施体系，是人才培养得以按规定实施的重要保障与基本前提，也是培养模式中最为活跃的一项内容。培养制度包括基本制度、组合制度和日常教学管理制度三大类。

5. 培养评价

培养评价是依据一定的原则建立的与培养目标、培养方案、培养过程、培养策略相适应的评价方法与标准，以保障培养目标的落实、完成。培养评价是人才培养活动中的最终环节，也是衡量和评判人才培养活动成败的环节。在人才培养模式中，人才培养评价的存在一方面可以衡量和判断人才培养活动是否成功，通过人才培养评价来判断我们的人才培养活动是否符合人才培养制度的要求，是否达到了预期的人才培养目标；另一方面，通过人才培养评价我们能够有效地监控人才培养活动过程，及时发现并纠正偏差行为，从而保证人才培养活动能够按照预定人才培养方案进行。同时，也正是通过人才培养评价来发现人才培养活动中的不足，及时完善和优化人才培养方案和行为。具体地讲，人才培养评价是通过收集人才培养过程中各方面的信息并依据一定的标准对培养过程及所培养人才的质量与效益做出客观衡量和科学判断，并对人才培养活动的过程实施全面的监控，及时进行反馈与调节。在人才培养过程中，正是人才培养评价的存在，我们才能很好地定位人才培养目标，及时修订专业人才培养的计划和方案，优化教学策略和课程体系。

教育理念（思想）是人才培养模式构成的第一要素，它规定着人才培养活动的发展方向。培养目标是教育理念的具体化，是人才培养活动的开始阶段。培养过程是人才培养活动的实施阶段，它是教育理念的具体实践，是人才培养目标的贯彻实现。培养制度是人才培养模式形成的关键要素，只有将人才培养活动制度化、规范化，人才培养才能稳定，人才培养行为才能持续，人才培养活动才具有可重复性。培养评价是人才培养活动的监控，通过培养评价对人才培养活动过程的全程监控，人才培养活动才能够按照预期规划进行，才能够有效地实现预期的培养目标，人才培养过程和制度才能得到优化。就功能而言，教育理念、培养目标、培养过程、培养制度、培养评价所发挥的功效是不同的，但是它们在人才培养模式中所处的地位却是相同的，无论离开它们其中任何一个，人才培养模式都无法形成。

第二节　跨境电商创业型人才能力素质模型

一、跨境电商创业型人才能力素质模型的构建基础

（一）构建跨境电商创业型人才能力素质模型的理论基础

1973 年，美国著名心理学家麦克利兰提出"冰山模型"，指出个人素质可以根据不同表现形式划分为表面的"冰山以上部分"和深藏的"冰山以下部分"。"冰山以上部分"包括基本知识、基本技能，它们与工作所需要的直接资质相关，个体可以通过培

训、锻炼等渠道来提高这些素质；"冰山以下部分"包括社会角色、自我形象、特质和动机，它们虽然鲜少与工作直接关联，但对个体在工作中的行为与表现起关键性的作用。基于麦克利兰的"冰山模型"，我们对跨境电商创业型人才能力、知识和素质的相关指标进行了梳理与提炼。

（二）构建跨境电商创业型人才能力素质模型的现实基础

一方面，跨境电商创业具有创业成本低、手续简单、交易便捷、利润较高、准入门槛低等特点，加之各级政府部门相继出台了一系列促进跨境电子商务发展的有利政策，这些优势为学生开展跨境电商创业提供了一定的机会。另一方面，随着跨境电商蓬勃发展和行业愈加成熟，越来越多的企业和个人加入到跨境电商行业，行业竞争日益加剧，行业规范化程度越来越高，这也为学生开展创业活动带来一定的挑战和风险。对于跨境电商创业型人才来说，其能力、知识和素质指标要求与岗位应用型人才存在一定差异，因此，高职院校在培养跨境电商创业型人才时，也要针对跨境电商创业型人才能力素质要求运用不同的培养途径与模式。

二、跨境电商创业型人才能力素质模型的构建过程

（一）通过文献研究法和访谈法采集能力素质模型的要素

研究过程中，笔者在对跨境电商创业机遇和挑战分析的基础上，一方面通过文献研究法对跨境电商创业型人才需要具备的能力和素质进行整理；另一方面通过访问 15 名跨境电商创业者，提炼出跨境电商创业实践过程的关键行为和素质要素。根据文献研究和访谈结果，将众多的跨境电商创业能力素质要素按其出现频次的高低进行排序，从定性角度选取排名靠前的 6 个要素作为一级指标，其中知识与技能为表面的"冰山以上部分"，品质、内涵力、思考力、执行力为深藏的"冰山以下部分"。在此基础上细化每个一级指标，将其分解成多个更为具体的初选二级指标供进一步筛选、优化。

（二）通过问卷调查法筛选、优化能力素质模型的要素指标

设计调查问卷，以文献研究法和访谈法采集的初选二级指标为调查内容，以跨境电商创业者和跨境电商企业为对象，采用五分评分制做法对各二级指标的重要程度进行调研，再次筛选能力素质模型的二级指标，并结合专家访谈法进行内涵优化，最终形成跨境电商创业型人才能力素质模型。

三、跨境电商创业型人才能力素质模型的内涵

（一）知识

知识是指跨境电商创业型人才必须具备的对跨境电商相关领域的认识和掌握，具体来说包括跨境电商知识、创业知识、外语知识、外贸知识、产品知识、相关法律法规。其中跨境电商知识主要包括跨境电商平台、跨境电商选品、跨境电商商品定价、跨境电商营销、跨境电商物流、跨境电商收付款、跨境电商客户服务与管理等方面的知识。

（二）技能

技能是指跨境电商创业型人才开展跨境电商创业和运营需具备的能力，具体来说包括跨境电商平台操作技能、创业技能、外语运用技能、外贸操作技能、产品开发和管理技能。其中，跨境电商操作技能是指创业型人才能够根据跨境电商平台规则发布和管理产品、开展平台营销与推广活动、英文网站建站与管理、平台物流设置与管理、平台交易与支付管理、知识产权风险防范和控制、电商数据分析等一系列操作，能够开展国际市场调研、站内外营销推广、市场数据收集和分析、店铺装修和设计、搜索引擎优化等国际营销与推广操作。产品开发和管理技能是指创业型人才能够根据相关的知识产权注册登记情况、法律法规和国际市场供需情况开展新产品的开发，负责产品的生产、采购、库存等供应链管理和优化。

（三）品质

品质是指跨境电商创业型人才在创业过程中表现出来的持续而稳定的行为特性。跨境电商行业竞争激烈，具有一定的风险和难度，对跨境电商创业型人才的品质要求更高，因此其品质也具有独特特征，具体体现在人际沟通、诚实正直、压力与情绪管理、责任心、团队协作精神、坚持与敬业精神等品质特征方面。

（四）内涵

内涵是指跨境电商创业型人才需具备的自我认识与感觉，主要包括角色定位、动机需求、自我认知三方面，主要是指创业型人才在创业前期，能够对自己的创业意愿、职业发展规划需要进行理性的判断，对自身的跨境电商创业知识和素质结构进行合理的分析，对自身及创业团队所拥有的创业资金与创业资源进行充足的挖掘。

（五）思考力

思考力是在思维过程中产生的一种具有积极性和创造性的作用力。跨境电商创业型人才的思考力主要体现在系统思维能力、创新意识、风险意识、再学习能力等方面。跨境电商运营活动涉及的业务环节多、范围广，因此，跨境电商创业型人才需要具备全面、成熟的系统思维能力和创新意识，才能在创业时根据外部环境的变化创新运营策略和手段，兼顾好各方业务活动，处理和维护好各环节人际关系。随着跨境电商行业的竞争程度和风险程度日益提高，创业型人才还需要具有一定的风险意识，能够分析和识别风险，并采取相应的措施来防范和控制风险。跨境电商行业平台、规则、政策等方面的变化频繁，对跨境电商创业型人才在学习能力方面提出更高的要求，创业者需要能够根据各方变化迅速转变运营思路，更好适应新环境。

（六）执行力

执行力是指在既定的战略和目标前提下，通过对内外部可利用的资源进行综合协调，制定出可行性的战略，并通过有效的执行措施实现目标。跨境电商创业活动是一个漫长且充满挫折的过程，创业型人才最重要的一项素质便是执行力，主要包括问题解决能力、应变能力、计划能力、执行能力、主动意识、谈判能力等二级指标。

第三节　跨境电商平台创业

一、跨境电商平台的分类及概述

跨境电商平台是基于互联网进行跨境电子商务活动的虚拟网络空间和保障国际商业活动顺利进行的管理环境；是对信息流、物质流、资金流进行整合的一个场所。

跨境电商按交互类型划分模式，主要分三大类，即企业对企业（B2B）、企业对个人（B2C）、个人对个人（C2C）。从未来发展趋势来看，企业对个人和个人对个人的规模所占比重将越来越大。

跨境电商平台可以分为国外跨境电商平台和国内跨境电商平台。由于近年来我国不断出台对跨境电商的支持政策，我国的跨境电商平台已经有数十家，而且还在不断增加。目前，我国主要有六大跨境电商，即亚马逊、天猫国际、洋码头、网易旗下考拉海购、蜜芽、香江商城旗下香江海购等六大主流跨境电商品牌。

国外跨境电商平台主要有：Liquidity Services（批发剩余的清盘拍卖平台），这是一个批发和收尾库存的国外 B2B 网站，美国最大的零售商平台，有着成千上万的买家和卖家，其产品领域包括服装、电子、计算机、五金等更多领域的产品。MFG（模具及纺织等产品制造商和加工平台），这个平台涉及加工、制造、铸造、纺织等，其产品领域包括机械加工车间、制造商、机械加工、纺织、工具、模具、铸造、采购、原型制作和模具制造等。Kelly search（英国 Kellsearch.com——开利商业信息平台），这是欧美最大的 B2B 平台，收录了全球 200 多万家公司的信息和 1 000 多万种的产品信息，是全球采购商最青睐的采购工具网站。Thomas Net（托马斯美国工业品供应商平台），是查找有关工业产品和服务供应商在北美最全面的信息资源网。TRADEKEY，是全球知名度较高和实用性较强的 B2B 网站，是近年来最受外贸行业关注的外贸 B2B 网站。Trade Key 网站，专门为中小企业而设，以出口为导向，已成为全球 B2B 网站的领导者和最受外贸企业欢迎的外贸 B2B 网站之一。

随着我国跨境电商业务的发展，国外本土电商也瞄准了中国市场，许多海外电商也纷纷开始或计划进入中国，这些海外电商包括：法国的 Cdiscount，作为法国最大的电子商务零售网站，Cdiscount 产品种类丰富，加上分类独特、创新，便于消费者搜索，因此吸引了大批忠实的法国用户，他们喜欢在该网站购买电器和电子产品，例如手机、电脑、电视等，优惠的价格是它最大的一个吸引点；东南亚的 Shopee，成立于 2015 年 6 月，是主打东南亚和我国台湾省市场的移动社交电商平台，据了解，其已成为台湾省排名第一的移动购物 App；非洲的 Kilimall，成立于 2014 年，是一个在非洲本土成长起来的电子商务交易平台。目前其已成为非洲消费者信赖和喜爱的购物平台，在非洲民众中颇具影响力；拉美的 Mercadolibre，据了解，该平台是拉美地区最大的电商平台，其电商业务范围覆盖巴西、阿根廷、墨西哥、智利和哥伦比亚等 13 个拉丁美洲国家，品类涵盖电子、手机及配件、潮流服饰、家居生活、美容健康以及玩具等，平台卖家月成交总额已达 800 万美金。

跨境电商按经营主体划分，可以分为平台型、自营型和混合型（平台＋自营）。平台型主要包括：阿里巴巴国际站、中国制造网、环球资源网、敦煌网、1688.com、海带网、速卖通、eBay、Amazon、Wish、天猫国际、淘宝全球购和洋码头。自营型跨境电商平台主要包括：兰亭集势、DX、米兰网、网易考拉、京东全球购、聚美优品和小红书等。就商业模式而言，当今跨境电商基本以自营和平台两大模式为主，从模式上看，平台型电商是最能保证品牌品质的模式，但由于创业团队品牌以及基础用户等客观条件所限，此高门槛创业并非对所有创业者有效，因此众多创业者多选择自营模式确保其产品品类最大化，并以折扣补贴形式等低成本形式获得用户。

二、几大跨境电商平台特点和应用

不同的跨境电商平台有着不同的特点，下面介绍几个影响力较大的跨境电商平台的特点。

阿里巴巴国际站，是阿里巴巴面向全球的 B2B 网站，是目前全球最大的 B2B 贸易市场，是中小企业的网上贸易市场、平台，有海量企业会员，是我国外向型企业采用最多的电子商务平台之一，曾连续七年被美国《福布斯》杂志评为全球最佳 B2B 网站。阿里巴巴国际站可以帮助中小企业拓展国际贸易，它基于全球领先的电子商务网站阿里巴巴国际站贸易平台，这个平台通过向海外买家推广供应商的企业和产品，进而获得贸易商机和订单，是出口企业拓展国际贸易的首选网络平台。阿里巴巴国际站主要是国外客户，阿里巴巴国际站的特点是为付费会员提供细致、周到、安全的第三方认证服务，最大限度地降低网络贸易的风险。

全球速卖通（简称速卖通），是阿里巴巴旗下面向全球市场打造的在线交易平台，被广大卖家称为国际版"淘宝"。阿里巴巴旗下的全球速卖通业务有 B2B 模式和 B2C 模式，但主要是 B2C 模式，是中国供货商面向国外消费者交易的一种小额跨境电子商务。全球速卖通业务具有以下特点：进入门槛低，能满足众多小企业迅速做出口业务的愿望。阿里巴巴的速卖通平台对卖家没有企业组织形式与资金的限制，方便进入。交易流程简单，买卖双方的订单生成、发货、收货、支付等，全在线上完成。双方的操作模式，如同国内的淘宝操作，非常简便。商品选择品种多，价格低廉。速卖通平台上的商品具有较强的价格竞争优势，跟传统国际贸易业务相比，具有无比强大的市场竞争优势。

Amazon（亚马逊）是美国最大的一家网络电子商务公司，位于华盛顿州的西雅图，是最早开始经营电子商务的公司之一，亚马逊成立于 1995 年，一开始只经营网上书籍销售业务，现在则扩及了范围相当广的其他产品，已成为全球商品品种最多的网上零售商。亚马逊的特点是对卖家要求最高，对产品和品质都有保证，支持货到付款的方式，要建立品牌，如果没有品牌，最好不要去做亚马逊。亚马逊不卖仿品，一台电脑只登录同一个账号，和买家沟通耐心、快速，基本不会有太大的安全问题。

eBay 是一个管理可让全球民众上网买卖物品的线上拍卖及购物网站。eBay 于 1995 年 9 月 4 日由 Pierre Omidyar 以 Auctionweb 的名称创立于加利福尼亚州圣荷西。人们可以在 eBay 上通过网络出售商品。eBay 是全球最大的 C2C 平台，eBay 对卖家的要求更严格，对产品质量要求较高，价格有优势，能做到真正的物美价廉。eBay 的特点是卖家通过两种方式在该网站上销售商品：一种是拍卖，另一种是一口价。其中拍卖模式，是这个平台的最大特色。一般卖家通过设定商品的起拍价以及在线时间开始拍卖，然后看下线时谁的竞拍金额最高，最高者获胜。eBay 的另外一个特点是二手货交易占较大比重。

Wish，于 2013 年成立，是一个新兴的移动电商购物平台，是一家移动的 B2C 跨境电商，其 App 上销售的产品物美价廉，包括非品牌服装、珠宝、手机、淋浴喷头等，大部分产品都直接从中国发货。Wish 的母公司 ContextLogic 创立于 2010 年，创始人是滑铁卢大学的两名毕业生：前 Google 雇员 Szulczewski 和前 Yahoo 搜索与广告产品的多年员工 Danny Zhang。Wish 低调、飞速的崛起可以说是科技、广告和折扣策略完美应用的结果。与传统购物网站不同的是，Wish 一开始就十分注重智能手机的购物体验，通过商品图片给用户提供视觉享受。同时，Wish 的大幅折扣刺激了用户的购买欲。作为一个电商新手，Wish 完全没有 PC 端购物平台的设计经验，这也使 Wish 能够不带任何思想包袱地开拓移动端市场。Wish 平台的特点是有更多的娱乐感，有更强的用户黏性，呈现给用户的商品大都是用户关注的、喜欢的，每一个用户看到的商品信息是不一样的，同一用户在不同时间看到的商品也不一样。Wish 不依附于其他购物网站，本身就能直接实现闭环的商品交易，在 Wish 平台上，用户在浏览到喜欢的商品图片后，可以直接在站内实现购买。Wish 淡化了品类浏览和搜索，去掉了促销，专注于关联推荐。Wish 会随时跟踪用户的浏览轨迹及使用习惯，以了解用户的偏好，进而再推荐相应的商品给用户。

敦煌网，于 2004 年创立，是全球领先的在线外贸交易平台。敦煌网是一个聚集中国众多中小供应商产品的网上 B2B 平台，为国外众多的中小采购商有效提供采购服务的全天候国际网上批发交易平台。敦煌网是国内首个为中小企业提供 B2B 网上交易的网站。敦煌网的特点是在交易成功的基础上、根据不同行业的特点，向海外买家收取不同比例的服务费佣金，一般在交易额的 7%左右，而一般传统的 B2B 电子商务网站普遍是向国内卖家收取会员费。敦煌网提供诚信担保的机制，还能实现 7～14 天的国际贸易周期，是一个小制造商、贸易商与零售卖家之间的对接。另外，敦煌网针对一些已经接触过电子商务、有货源但技能跟不上的用户，推出了外贸管家服务。定期会与工厂见面，将客户的反馈，客户对商品的样式、质量的反馈以及要怎么样推广这些产品与企业及时交流，以保证企业的交易成功率。

不同的跨境电商平台有不同的特点和运营规则，企业在开展跨境电子商务时，首先要考虑自己经营的产品、所处的市场、当前的行业和客户群体。其次要考虑跨境电商平台的各自特点，企业在挑选平台时，要看清自己，找准位置。而且同样的产品、同一品牌，不可能在所有平台上都能做得很好。在某个平台上做得好的，不一定在其他平台上也可以做好。有的平台对卖家的要求较严格，有的平台对产品质量的要求较高，有的平台要有品牌才行。例如亚马逊，它以产品为驱动。eBay 对卖家的要求较严格，即产品的质量要好，价格也要有优势。速卖通以"价格为王"，卖家一定要价格低才能有优势。另外，不同的区域要选择不同的平台。最后要了解平台的规则，平台的规则随时在发生变化，搞懂了规则之后，才能知道哪些规则是要遵守的，哪些流程是必须要做的，这样企业才能通过跨境电商平台更好地开展国际贸易。

第三章　跨境电商发展趋势

第一节　跨境电商概念和特征

目前，跨境电子商务作为一个较新的概念，还没有一个统一的认识。本书主要从共同特性上进一步揭示跨境电子商务的内涵。

一、跨境电子商务的含义

当前，对于跨境电子商务的认知主要出现在四个方面：政策领域、国际组织、咨询公司、学术研究。在政策方面，欧盟在其电子商务统计中出现了跨境电子商务名称和有关内容，主要是指国家之间的电子商务，但并没有给出明确的含义。在国际组织方面，联合国于 2000 年就已经关注到了国际贸易和电子商务的关系；2010 年国际邮政组织（IPC）在《跨境电子商务报告》中分析了 2009 年的跨境电子商务状况，但在对跨境电子商务的概念也没有明确地界定，而是出现了"Internet shopping""Online shopping""Online Cross-border Shopping"等多个不同的说法。同样，在 eBay、尼尔森等著名公司及诸多学者的表述中也运用了不同的名词在表达，如跨境在线贸易、外贸电子、跨境网购、国际电子商务等。总体来看，这些概念虽然表达不同，但还是反映了一些共同的特点：一是渠道上的现代性，即以现代信息技术和网络渠道为交易途径；二是空间上的国际性，即由一个经济体成员境内向另一个经济体成员境内提供的贸易服务；三是方式上的数字化，即以无纸化为主要交易方式。

因此，综合起来，可以将跨境电子商务的概念做如下的表述：跨境电子商务是指交易各方利用现代信息技术所进行的各类跨境域的以数字化交易为主要方式的一种新型贸易活动和模式，涵盖了营销、交易、支付、服务等各项商务活动。

这种新型的贸易模式融合了国际贸易和电子商务两方面的特征，具有更大的复杂性，主要表现在：一是信息流、资金流、物流等多种要素流动须紧密结合，任何一方面的不足或衔接不够，都会阻碍整体商务活动的完成；二是流程繁杂且不完善，国际贸易通常具有非常复杂的流程，牵涉海关、检疫检验、外汇、税收、货运等多个环节，而电子商务作为新兴交易方式，在通关、支付、税收等领域的法规目前还不太完善；三是风险触发因素较多，容易受到国际经济政治宏观环境和各国政策的影响。

二、跨境电子商务主要类型

跨境电子商务包含了较多的要素，主要有交易对象、交易渠道、货物流通、监管方式、资金交付、信息和单据往来等多个方面，按照这些要素的不同，可以将跨境电子商务分为不同的类型。

（一）交易层面的跨境电商

按照跨境电子商务交易对象和流程划分，典型的交易模式可归纳如下。

1. B2C 零售出口

面向境外个人消费者，依托口岸监管部门实行无纸化通关和分类通关，通过快件、邮件的物流方式交付商品，又称小额零售出口，其交易的关键环节在于实现跨境电商企业低成本通关、结汇、退税。

2. B2B 一般出口

面向境外贸易商提供跨境大宗商品交易的 B2B 电子商务平台，以平台为基础发布供应商或批发商等合作伙伴的商品或服务信息，双方在互联网平台上完成支付、结算等关键环节，以一般贸易出口的方式完成交易。

3. B2B2C 保税出口

主要利用保税监管区域或海外仓，针对特定的热销日常消费品向国外消费者开展网上销售业务，将保税区域内商品，以整批商品出口，根据个人订单，分批以个人物品出口，又称一般出口模式，其交易特点是"整进、散出、汇总申报"。

4. B2C 零售进口

依托口岸监管部门，面向国内消费者，提供全球网络直购通道和行邮税网上支付手段，又称海外直邮或直购进口，由于行邮税税率与正常关税存在价差，目前对该交易模式实行"限企业""限数量""限金额"和"限品种"四限政策。同时，受限于海关的清关能力和高昂的物流成本，这种"小包多频"的零售进口难以支撑跨境电子商务的跨越式发展。

5. B2B2C 保税进口

又称备货进口模式，主要利用保税监管区域，针对特定的热销日常消费品向国内消费者开展网上销售业务，将保税区域内商品，以整批商品进口，根据个人订单，分批以个人物品出口，征缴行邮税，特点是"整进、散出、集中申报"。由于在通关物流方面存在优势，保税进口交易额不断攀升，逐步成为跨境进口的主流模式。

6. B2B2C 一般进口

针对特定的热销日常消费品向国内消费者开展网上销售业务，以一般贸易方式整批商品进口，根据个人订单，分批出去，货物进口按照传统贸易方式征缴关税。

（二）贸易层面的跨境电商

2013 年，我国货物进出口总量超过美国位列全球第一，传统贸易模式已出现了天花板效应，持续高速增长的动力因素逐步消退，而跨境电子商务作为新的贸易形态相比传统贸易，在交易流程、贸易价值链、运营成本上有较大优势，成为新兴贸易模式之一，两者对比如下（表 3-1）。

表 3-1　传统贸易模式与跨境电子商务贸易模式的比较

	传统贸易模式	跨境电子商务贸易模式
业务模式	基于商务合同的业务模式	互联网电子商务平台数字化业务模式
交易环节	复杂，涉及中间商众多	简单，涉及中间商较少
订单类型	大批量，少批次，订单集中，周期长	小批量，多批次，订单分散，周期较短
规模和速度	市场规模大，受地域贸易保护限制，增长速度相对缓慢	市场规模大，增长速度快，不受地域限制
价格与利润	价格高，利润率相对低	价格实惠，利润率高
支付手段和争端处理	正常贸易支付，健全争端处理机制	第三方支付，争端处理不畅，效率低
对物流要求	空运、集装箱海运完成，物流因素对交易主体影响不明显	借助第三方物流企业，以航空小包的形式完成，物流因素对交易主体影响明显
结汇方式	按传统国际贸易程序，可以享受正常通关、结汇和退税政策	通关缓慢或有一定限制，难以享受退税和结汇政策
企业规模	企业规模大，受资金约束程度高	企业规模小，受资金约束程度低

从表 3-1 的比较可以得出：跨境电子商务这一新兴贸易模式将有助于改变我国粗放型出口的现状，稳定货物贸易总值，做大做强服务贸易，在促进对外贸易转型升级方面具有重要意义，也是推动我国从贸易大国走向贸易强国的一条可行途径。

（三）产业层面的跨境电商

跨境电子商务的快速发展对市场消费、企业生产、贸易监管、商品流通的方式、手段、环境和效率产生新的要求，并且催生新行业——跨境电子商务服务业的兴起，提供诸如 IT 服务、物流服务、营销服务、金融服务及各类衍生服务等。从产业层面大力发展跨境电子商务，一方面能提升我国居民消费水平、促进外贸企业改善生产、改进管理、扩大流通；另一方面促进和带动诸如互联网产业、物流产业、金融产业、第三方服务业等配套产业的发展，改善产业结构，促进区域经济良性健康发展。跨境电子商务产业成为政府稳外需、扩内需，调整优化产业结构的重要选择。目前，各地政府跨境电子商务项目投资的额度和力度正以不断增加的态势发展。

三、跨境电子商务与贸易便利化、无纸贸易的区别与联系

无纸贸易和贸易便利化是与跨境电子商务紧密相连的两个概念。自20世纪70年代信息技术进入高速发展以来，电子数据形式开始广泛应用于生产、管理和贸易活动中，EDI逐渐发展起来。同时，随着全球化的进展，贸易过程中的效率问题引起了关注，贸易便利化逐渐成为国际贸易中的一个主要议题。

1998年世界贸易组织简要地提出贸易便利化的定义，即国际贸易流程的简化与协调。此后，多个国际组织对贸易便利化都提出了自己的定义，但总体来看，其定义与世界贸易组织的基本内容基本一致，强调了贸易程序的简化以加快流通效率，更多是从贸易环境和政府管理的角度来看，因此，不仅包括电子商务，也包括电子政务。

而无纸贸易至今还没有一个统一的定义，但是，一般认为无纸贸易是以EDI为核心和基础的贸易活动，通过计算机系统实现标准化、电子化的贸易流程和数据的传送和处理，以完成贸易活动的全过程。1998年《APEC电子商务行动蓝图》中提出发达国家于2005年、发展中国家于2010年实现无纸贸易，2015年整体实现无纸贸易的发展目标，以推动贸易便利化的建设。

总体上看，无纸贸易、贸易便利化和跨境电子商务是不同发展阶段和发展侧面的概念。无纸贸易是跨境电子商务的发展基础和早期主要途径，贸易便利化是跨境电子商务发展的基础环境，而无纸贸易和电子商务则都是世界贸易便利化的主要途径和核心内容之一。这几个方面共同形成了当前跨境电子商务的发展基础和重要内容。

四、跨境电子商务的特征与SWOT分析

（一）跨境电子商务的特征

随着互联网的发展，电子商务应运而生。近年来，国家多次提出关于跨境电子商务的利好政策，"跨境电商"一跃成为我国电子商务界最热门的词。虽然发展潜力巨大，但是目前我国的跨境电子商务还处于发展初期，存在着物流障碍、通关不够简便、交

易信用不足、专业人才匮乏等诸多方面的问题。面对这些问题，相关的单位与企业也加大了相应的投资力度，加强了管理。跨国电子商务在一定程度上有利于促进国家经济的发展，带动电子商务走向更大的舞台。跨境电子商务是电子商务应用过程中一种较为高级的形式，是指不同国家或地区的交易双方通过互联网以邮件或者快递等形式通关，将传统贸易中的展示、洽谈和成交环节数字化，实现产品进出口的新型贸易方式。

1. 全球性

网络是一个没有边界的媒介体，具有全球性和非中心化的特征。依附于网络发生的跨境电子商务也因此具有了全球性和非中心化的特性。电子商务与传统的交易方式相比，跨境电商的一个重要特点在于电子商务是一种无边界交易，丧失了传统交易所具有的地理因素。互联网用户不需要考虑跨越国界的问题就可以把产品尤其是高附加值产品和服务提交到市场。网络的全球性特征带来的积极影响是最大程度的信息共享，消极影响是用户必须面临因文化、政治和法律的不同而产生的风险。任何人只要具备了一定的技术手段，在任何时候、任何地方都可以让信息进入网络，相互联系进行交易。美国财政部在其财政报告中指出，对基于全球化的网络建立起来的电子商务活动进行课税是困难重重的，因为电子商务是基于虚拟的电脑空间展开的，丧失了传统交易方式下的地理因素，电子商务中的制造商容易隐匿其住所而消费者对制造商的住所是漠不关心的。比如，一家很小的爱尔兰在线公司，通过一个可供世界各地的消费者点击浏览的网页，只要消费者接入了互联网，就可以通过互联网销售其产品和服务，很难界定这一交易究竟是在哪个国家内发生的。这种远程交易的发展，给税收当局制造了许多困难。税收权力只能严格的在一国范围内实施，网络的这种特性为税务机关对超过一国的在线交易行使税收管辖权带来了困难。而且互联网有时扮演了代理中介的角色。在传统交易模式下往往需要一个有形的销售网点的存在，例如，通过书店将书卖给读者，在线书店可以代替书店这个销售网点直接完成整个交易。而问题是，税务当局往往要依靠这些销售网点获取税收所需要的基本信息，代扣代缴所得税等。没有这些销售网点的存在税收权力的行使也会发生困难。

2. 无形性

网络的发展使数字化产品和服务的传输盛行。而数字化传输是通过不同类型的媒介，例如数据、声音和图像在全球化网络环境中集中而进行的，这些媒介在网络中是以计算机数据代码的形式出现的，因而是无形的。以一个 E-mail 信息的传输为例，这一信息首先要被服务器分解为数以百万计的数据包，然后按照 TCP/IP 协议通过不同的网络路径传输到一个目的地服务器并重新组织转发给接收人，整个过程都是在网络中瞬间完成的。电子商务是数字化传输活动的一种特殊形式，其无形性的特性使得税务机关很难控制和检查销售商的交易活动。税务机关面对的交易记录都是体现为数据代码的形式，使得税务核查员无法准确地计算销售所得和利润所得，从而给税收带来困难。数字化产品和服务基于数字传输活动的特性也必然具有无形性，传统交易以实物交易为主，而在电子商务中，无形产品却可以替代实物成为交易的对象。以书籍为例，传统的纸质书籍，其排版、印刷、销售和购买被看作是产品的生产、销售。然而在电子商务交易中，消费者只要购买网上的数据权限便可以使用书中的知识和信息。而如何界定该交易的性质、如何监督、如何征税等一系列的问题却给税务和法律部门带来了新的难题。

3. 匿名性

由于跨境电子商务的非中心化和全球性的特性，因此很难识别电子商务用户的身份和其所处的地理位置。在线交易的消费者往往不显示自己的真实身份和自己的地理位置，重要的是这丝毫不影响交易的进行，网络的匿名性也允许消费者这样做。在虚拟社会里，隐匿身份的便利性即导致自由与责任的不对称。人们在这里可以享受最大的自由，却只承担最小的责任，甚至干脆逃避责任。这显然给税务机关制造了麻烦，税务机关无法查明应当纳税的在线交易人的身份和地理位置，也就无法获知纳税人的交易情况和应纳税额，更不要说去审计核实。该部分交易和纳税人在税务机关的视野中隐身了，这对税务机关是致命的。以 eBay 为例，eBay 是美国一家网上拍卖公司，允许个人和商家拍卖任何物品，到目前为止 eBay 已经拥有 1.5 亿用户，每天拍卖数以万计的物品，总计营业额超过 800 亿美元。电子商务交易的匿名性导致了逃避税现象的恶化，网络的发展，降低了避税成本，使电子商务避税更轻松易行。电子商务交易的匿名性使得应纳税人利用避税地联机金融机构规避税收监管成为可能。电子货币的广泛使用，以及国际互联网所提供的某些避税地联机银行对客户的"完全税收保护"，使纳税人可将其源于世界各国的投资所得直接汇入避税地联机银行，规避了应纳所得税。美国国内收入服务处（IRS）在其规模最大的一次审计调查中发现大量的居民纳税人通过离岸避税地的金融机构隐藏了大量的应税收入。而美国政府估计大约三万亿美元的资金因受避税地联机银行的"完全税收保护"而被藏匿在避税地。

4. 即时性

对于网络而言，传输的速度和地理距离无关。传统交易模式，信息交流方式如信函、电报、传真等，在信息的发送与接收间，存在着长短不同的时间差。而电子商务中的信息交流，无论实际时空距离远近，一方发送信息与另一方接收信息几乎是同时的，就如同生活中面对面交谈。某些数字化产品（如音像制品、软件等）的交易，还可以即时清结，订货、付款、交货都可以在瞬间完成。电子商务交易的即时性提高了人们交往和交易的效率，免去了传统交易中的中介环节，但也隐藏了法律危机。在税收领域表现为：电子商务交易的即时性往往会导致交易活动的随意性，电子商务主体的交易活动可能随时开始、随时终止、随时变动，这就使得税务机关难以掌握交易双方的具体交易情况，不仅使得税收的源泉扣缴的控管手段失灵，而且客观上促成了纳税人不遵从税法的随意性，加之税收领域现代化征管技术的严重滞后作用，都使依法治税变得苍白无力。

5. 无纸化

电子商务主要采取无纸化操作的方式，这是以电子商务形式进行交易的主要特征。在电子商务中，电子计算机通讯记录取代了一系列的纸面交易文件，用户发送或接收电子信息。由于电子信息以比特的形式存在和传送，整个信息发送和接收过程实现了无纸化。无纸化带来的积极影响是使信息传递摆脱了纸张的限制，但由于传统法律的许多规范是以规范"有纸交易"为出发点的，因此，无纸化带来了一定程度上法律的混乱。电子商务以数字合同、数字时间取代了传统贸易中的书面合同、结算票据，削弱了税务当局获取跨国纳税人经营状况和财务信息的能力，且电子商务所采用的其他保密措施也将增加税务机关掌握纳税人财务信息的难度。在某些交易无据可查的情形下，跨国纳税人的申报额将会大大降低，应纳税所得额和所征税款都将少于实际所达到的数量，从而引起征税国国际税收流失。例如，世界各国普遍开征的传统税种之一的印花税，其课税对象是交易各方提供的书面凭证，课税环节为各种法律合同、凭证的书立或做成，而在网络交易无纸化的情况下，物质形态的合同、凭证形式已不复存在，因而印花税的合同、凭证贴花（即完成印花税的缴纳行为）便无从下手。

6. 快速演进

互联网是一个新生事物，现阶段它尚处在幼年时期网络设施和相应的软件协议的未来发展具有很大的不确定性。但税法制定者必须考虑的问题是网络，像其他的新生儿一样，必将以前所未有的速度和无法预知的方式不断演进。基于互联网的电子商务活动也处在瞬息万变的过程中，短短的几十年中电子交易经历了从 EDI 到电子商务零售业的兴起的过程，而数字化产品和服务更是花样出新，不断地改变着人类的生活。

而一般情况下，各国为维护社会的稳定，都会注意保持法律的持续性与稳定性，税收法律也不例外，这就会引起网络的超速发展与税收法律规范相对滞后的矛盾。如何将分秒都处在发展与变化中的网络交易纳入税法的规范，是税收领域的一个难题。网络的发展不断给税务机关带来新的挑战，税务政策的制定者和税法立法机关应当密切注意网络的发展，在制定税务政策和税法规范时充分考虑这一因素。跨国电子商务具有很多不同于传统贸易方式的特点，而传统的税法制度却是在传统的贸易方式下产生的，必然会在电子商务贸易中漏洞百出。网络深刻地影响着人类社会，也给税收法律规范带来了前所未有的冲击与挑战。

（二）跨境电子商务的 SWOT 分析

SWOT 分析方法，也称道斯矩阵，是 20 世纪 80 年代初由美国旧金山大学的管理学教授韦里克提出，主要用在企业制定战略、市场环境分析、竞争对手分析等方面，是基于企业内外部环境和市场竞争的态势分析，全面考量企业内部存在的优势和劣势，以及企业外部存在的机会和竞争对手的威胁等信息。对收集到的信息进行分析整合，得出对本企业有利的发展战略。跨境电商的 SWOT 分析是将这一在企业中运用的概念，推广到跨境电商这一行业，S（Strengths）、W（Weaknesses）是跨境电商行业存在的内部因素，O（Opportunities）、T（Threats）是影响跨境电商发展的外部因素。引用企业竞争战略的概念，把 SWOT 由企业扩展到行业，对跨境电商这一行业存在的优势和劣势，环境的机会和威胁进行有机整合，得出跨境电商未来的发展战略。

1. **跨境电商的 S（Strengths）**

跨境电商的 S（Strengths）主要是指目前跨境电商发展过程中存在的优势。可以从以下几点进行解释。

（1）跨境电商的优点

跨境电商的存在，其产品供应可以直接由一国关境通往另一国关境，直接送达消费者手中，它相比较于传统外贸行业，具有缩短供应流程、有效降低流通成本、提高消费竞争力、为消费者进行个性定制等优势。传统的中小微企业可以借助电商平台参与国际贸易，利用产品的特色或者低成本优势，来提高国际竞争力。小批量、高频率、面对面等特点是目前跨境电商订单中独具的优势，这也是中小微企业发展的一个现状，两者进行完美结合，将"互联网+"外贸简单化、扩大化，将助我国跨境电商的发展稳中有涨、发展过程中又不乏稳健。

（2）消费能力的提升

随着跨境贸易出口对象的增加，一些新兴市场如巴西、阿根廷、俄罗斯以及东南亚地区等国家跨境电商的发展及其与中国合作意愿的提高，我国通过跨境电商出口产品根植于这些国家。就国内而言，一边是国内消费者购买力的提高，奢侈品购买欲望的增强；另一边是国外品牌国内售价居高不下；加上消费者对国内奶粉等食品、产品质量的不信任，跨境电商孕育而生。跨境电商不仅简单包括海淘一族，还有海外各大限时折扣网站、各大跨境电商平台等，为国内外消费者购买商品牵线搭桥。

（3）跨境电商平台的快速发展

据不完全统计，国内跨境电商平台企业已超过 5 000 家，利用平台开展跨境电商业务的企业远超 20 万家，国内跨境电子商务企业如兰亭集势、敦煌网、阿里速卖通也是日趋成熟，变得家喻户晓。在跨境电商试点城市基础上，利用保税区支持政策成立的跨境电子购物平台，也是发展迅猛。

例如，深圳市跨境贸易电子商务服务平台。依托深圳地方电子口岸平台资源，与海关、检验检疫、外管等监管单位，电商、物流、支付等相关企业以及第三方服务平台建立连接，通过系统对接实现数据交换、信息共享和流程电子化。建成服务于深圳跨境电子商务业务，集数据传输与交换、电子数据采集和预处理、综合信息服务、增值服务等为一体的综合服务平台。作为第七个跨境电商进口试点城市，2020 年 1—11 月，深圳市跨境电子商务交易额达 452.92 美元，同比增长 28.1%，其中进口交易额为 137.63 亿美元，同比增长 28.1%；出口交易额为 315.28 亿美元，同比增长 19.1%。全年跨境电子商务交易额预计突破 500 亿美元，继续名列全国各大城市的首位。

2. 跨境电商的 W（Weaknesses）

（1）跨境贸易配套服务有待提高

首先跨境电子商务贸易活动涉及跨境支付、跨境配送、跨境售后服务、跨境退换货等问题，尽管目前国内跨境电商平台发展日趋成熟，但是涉及跨境支付仍受到一定的限制。其次，物流的快速成长，也为跨境电商的发展提供便利，但目前跨境电商物流主要集中在邮政小包、专线物流、海外建仓等方式上，对中小微企业而言，物流成本比较高。最后跨境商品很多通过海淘、代购、行邮等方式进行，政府监管难，商品存在质量问题难以溯源。

（2）产权意识薄弱，缺乏品牌意识

我国外贸出口产品历来有共同特点，以低价在国际市场上进行销售，跨境电商产品也不例外，它以节约物流环节的成本，成为外贸出口的一部分。但是目前面临的问题是，企业产权意识薄弱，缺乏品牌意识，专利申请意识不强，部分优质产品出现国外商标抢注等等。一些低价销产品也因技术壁垒，被拒之门外。

3. 跨境电商的 O（Opportunities）

（1）跨境电商利好政策不断

2012 年年底，发改委和海关总署启动全国跨境电商服务试点工作以来，各级政府陆续出台相关政策措施，积极鼓励跨境电商的发展。2013 年的外贸国六条，首次对跨境电商有明确的政策支持；2014 年至今，国务院、财政部、国税总局、海关总署、商务部、中国人民银行等部门，从提出支持跨境电商的发展到具体政策的落实，涵盖跨境电商零售出口税收优惠政策、跨境贸易人民币结算、跨境电子商务外汇支付指导等。

（2）跨境电子支付日趋完善

中国人民银行制定《跨境贸易人民币结算试点管理办法实施细则》与《支付机构互联网支付业务管理办法》、国家外汇管理局出台关于开展支付机构跨境外汇支付业务试点的通知等政策，分别针对网上健康交易、规范网络交易行为、防范网络支付风险等方面提出相应的监管办法。在国务院出台的《关于促进跨境电子商务健康快速发展的指导意见》中也提到，要完善电子商务支付结算管理。相关部门要稳妥推进支付机构跨境外汇支付业务试点，鼓励境内银行、支付机构依法合规开展跨境电子支付业务，满足境内外企业及个人跨境电子支付需要。

（3）跨境物流、仓储逐步升级

智慧物流、海外建仓等逐步受到各大电商平台、各类品牌电商的青睐，政府也鼓励建设综合服务体系，鼓励外贸综合服务企业为跨境电子商务企业提供通关、物流、仓储、融资等全方位服务。

4. 跨境电商的 T（Threats）

（1）海外跨境电商的入驻

国内市场的逐步开放，国外大品牌电商入驻国内，如亚马逊、eBay 等大型电商企业的入驻，给国内跨境电商企业带来较大的竞争压力。国外电商的服务能力、产品采购质量及售后服务等方面，是我国跨境电商企业需要进一步学习和提升的。

（2）规范发展政策的出台

跨境电商历来游离在监管的"灰色地带"，有关货物的监管、税收、产品追溯等方面很难做到全面。2016 年 3 月底，由财政部、海关总署、国家税务总局等多部门联合发布《关于跨境电子商务零售进口税收政策的通知》，试行一个月，行业哀鸿一片。冲击较大的是海淘一族、行邮"免税"渠道进口企业，很多企业都赶在政策正式执行前进行清仓，对是否继续进口采取观望态度。跨境电商一度出现发展停滞的情况。政府政策的大力支持，特别是国务院出台的《关于促进跨境电子商务健康快速发展的指导意见》和商务部的《"互联网＋流通"行动计划》，明确提出支持跨境电子商务发展，鼓励"互联网＋外贸"，实现优进优出；跨境电子支付上的政策支持，主要是为了逐步规范网上交易行为、帮助和鼓励网上交易各参与方开展网上交易、警惕和防范交易风险。

当然，《关于跨境电子商务零售进口税收政策的通知》等政策的出台，对跨境电商的发展有一定的冲击，但是随后政府调整政策，对保税模式和直购模式的跨境电商政策"暂缓"一年实施，试点城市，跨境电商通关单的试行有一年的缓冲期，这些政策有利于增强跨境电商企业市场的信心。

五、国外跨境贸易电子商务发展现状与实例分析

（一）国外跨境贸易电子商务发展现状

跨境电子商务是全球化背景下国际贸易发展的重要趋势，世界上主要国家都在积

极发展跨境电子商务。目前，跨境电子商务发展较快的国家依次是美国、英国、德国、日本和新加坡。从贸易环境、跨境平台、支付体系、电子通关、跨境物流、信用体系六个方面，分析比较各国跨境电子商务发展现状。

1. 各国在贸易制度设计中注重推进跨境电子商务的发展

美国在与多国签订的自由贸易协定中都增加了电子商务条款，扩大跨境电子商务范围。在关税上，规定彼此免除对方的进出口关税，促进了美国产品的出口；在服务上，努力消除中小企业使用电子商务的障碍，分享电子商务的公共数据等。英国和德国采用欧盟共同政策，仅对少数产品实施出口管理，进口实行欧盟统一的配额管理制度，在不违背欧盟法规的前提下，各成员国自行决定税收制度。日本取消除农产品之外的所有产品进口关税，并在投资和服务贸易等领域进行广泛跨境合作。新加坡发起跨太平洋伙伴关系协定 TPP，奉行自由贸易政策，进口产品不限制配额，大部分产品无须许可证进口。

2. 建设完整的跨境支付体系，有效进行风险控制和管理

美国的支付体系包括大额支付系统和小额支付系统，大额支付系统中的联邦电子资金划拨系统建立了风险控制系统和风险管理策略。英国与德国是共用欧盟成员国之间的支付体系——即时全额自动清算系统，该支付清算体系由 15 个国家的即时支付清算系统、欧洲中央银行支付机构及互联系统构成，能有效进行信用风险和流动风险的管理与控制。日本主要有日本银行金融网络系统（BOJNET）和外汇日元清算系统两个大额支付清算系统以及汇票和支票清算系统和全银数据通信系统两个小额支付清算系统。新加坡出台了统一的《支付体系监督法》，结合了一般监管与特殊监管、宏观监管与微观监管、监管权力和被监管权力。

3. 采用先进信息监管追踪技术，建立海关间合作机制

美国在海关监管方面主要采用电子追踪技术，识别高危商品，同时建立一个公共性的网上数据库，既可以公布进出口产品安全的有关信息，又方便公众查询。英国与德国遵守欧盟海关经认证的经营者 AEO（Authorized Economic Operation）制度，即可享受海关简化手续和相关安全便利措施，英国采用全球先进的"太赫兹光谱"新技术检测假冒名牌。日本在通关风险管理采取多项措施，开发自动化风险管理系统，对企业守法风险进行评估，加强货物通关后的后续稽查与审计。新加坡政府建立了贸易网系统（TRADENET），供 35 个政府部门共享信息，向贸易商提供通关、放行服务。同时，海关情报部门以商品和企业为主要线索，利用 TRADENET 提供的数据、信息和情报，筛选高风险监管目标并及时发布预警指令，对下一环节提出相应的处置措施和要求，有效进行风险控制。

4. 布局跨境物流运输体系，物流服务走向标准化、规模化

美国在跨境运送服务方式中，依托第三方物流公司（如 UPS 快递、联邦快递等）建立自动立体化仓库、计算机智能技术等现代物流技术。英国国际快递服务主要是由英国皇家邮政以及 DHL 承接的，并积极与其他邮递公司结为战略邮递伙伴，共同处理大宗邮件。德国的 DHL 是目前世界上最大的航空速递货运公司之一，拥有最完善的速递网络。日本物流巨头 YAMATO（大和运输）积极开拓国际市场，建立国际快递网络。新加坡邮政多次进行大规模收购，包括冠庭国际物流公司、数据邮政私人有限公司、马来西亚 GD 快递等，以此扩展海外市场。

5. 积极完善跨境信用体系，建立统一的数据系统

美国和英国是市场主导型的信用体系，美国由政府、行业协会、信用中介机构、信用授予者、信用消费者五个层面构成，具体运作依赖信用法律制度、信用调查机制、风险防范制度和信用激励机制等，以盈利为目的。英国由征信公司、英国中央银行、政府成立的信息专员办公室构成，以提供信息来获取盈利。德国和新加坡是政府主导型信用体系，德国由政府出资建立全国数据库网络系统即中央信贷登记系统，直接隶属中央银行，保证信息收集的全面性。新加坡在政府部门设立诚信推广委员会，成立了"数据中心委员会"和两家专业的信息服务中心，具体负责"智慧数据管理和监督数据质量"。日本是会员制型，由行业协会为主建立信用信息中心，为会员提供个人和企业的信用信息互换平台，通过内部信用信息共享机制实现征集和使用信用信息的目的等，促进跨境电子商务发展。

（二）国外经验对我国跨境电商发展的启示

依托良好的贸易市场环境，完善的基础设施和适宜的制度，美国成为跨境电子商务领域的领头羊。日本则借助于政府大力支持，产业链紧密合作，金融和支付体系的完善来发展跨境电子商务。新加坡凭借所处的地理位置、规范的法律法规建设、强大的技术研发和有吸引力的贸易服务来促进跨境电子商务产业的竞争力。英国、德国等欧盟国家则通过灵活的贸易政策、统一的金融市场、便利的通关环境、高效的物流运输体系加快跨境贸易电子商务的发展。综合上述各国发展经验，对我国推进跨境电子商务发展的启示主要有以下几点。

第一，积极参与区域贸易新规则的制定，争夺制定跨境电子商务标准的话语权。跨境电子商务贸易不仅是个人、企业之间的交易，更是两个国家之间的贸易和博弈，双边或多边的贸易协定是一国外贸发展的最好推动力。政府应密切跟踪、研判国家和区域之间贸易协定，探讨其对跨境电子商务的影响，认清方向、及早谋划，为跨境电商的高速增长营造健康、可持续的贸易发展环境。

第二，准确定位跨境电商发展的主要模式与方向，从体制机制、产业环境和支撑服务三个层面全方位推进。推进跨境电商涉及多个部门、多个管理层级，体制机制、产业环境和支撑服务三大要素缺一不可。目前，我国各地区这三大要素都或多或少地存在一定程度的缺失或缺位现象，需探索适合各地区特色的跨境电子商务模式，做好顶层设计，统筹合力推进。

第三，充分发挥市场在资源配置中的决定性作用。发达国家政府与市场分工明确，政府着力于构建良好的贸易环境，提供完善的基础设施，规范的法律体系和健全的金融体系，规范引导产业发展。市场则是其中最活跃，最富创新性的力量，也是跨境电子商务的主体。政府应充分贯彻发挥市场在资源配置中的决定性作用，避免"看得见的手"对市场的干预与扭曲，减少因不适当的干预对电子商务发展产生的负面影响。

第四，注重供应链、产业链的协同发展。跨境电子商务打破了部门之间和产业之间的界限，推动了产业的跨部门、跨行业的整合。应借助电子商务将上游生产领域和中下游服务企业连接起来，探索新型跨国供应链协同模式，加快产业各要素聚集，提升企业全球资源组织和配置能力，打造产业深度融合、技术先进、标准领先、各要素协同发展的跨境电子商务模式。

第五，注重发挥信息技术的关键支撑作用。借助新兴信息技术的支撑作用打造以数字化、网络化、智能化为特征的各级各类跨境电商平台和应用服务系统，打通跨境电商交易中的贸易流、物流、资金流、数据流，将企业间的交易成本最小化，通过撮合交易和增值服务挖掘和创造商机，增强企业跨境营销的能力。

（三）中俄蒙跨境电子商务发展实例分析

跨境电子商务是指来自不同的国家和地区的个人或者公司，利用互联网上的交易平台，依托跨境物流运输，完成产品交易的国际贸易活动。2016年3月3日，在满洲里市举行了中俄蒙三方跨境经济合作区建设工作会谈。其中重要的一项就是，建议俄方成立跨境电子商务工作组，与中方共同研究推进跨境电子商务工作项纵深发展。在联系跨境电子商务国际发展的大环境下，实例中就中俄蒙的跨境电子商务发展现状、发展策略进行分析并对未来中俄蒙跨境电子商务的发展趋势进行浅议，可以对未来跨境电子商务的发展起到一些作用。

1. 中俄蒙跨境电子商务的现状

（1）中俄蒙跨境电子商务发展的基本情况

中国与俄国开始发展经济贸易方面的合作大概是在2000年左右。从2010年开始，中国就稳站俄国的第一大贸易伙伴国的位置。俄国和中国同为金砖五国的成员，俄国又是以创始国的身份加入中国创办的亚投行，中国和俄国的电子商务也随两国的经济贸易的不断发展而进入快速发展的阶段。中国阿里巴巴第一个在俄开设代表处，京东也在周年庆的当天宣布进入俄市场。2014 年 8 月 20 日，中蒙跨境电子商务平台——城市商店，也在二连浩特正式上线运营。该平台的搭建为中蒙跨境贸易开拓新的渠道，对中蒙的贸易往来也起到积极的作用。

（2）中俄蒙跨境电子商务发展中遇到的问题

"电商"从 2014 年开始登上了热搜的舞台，跨境的电子商务属于新兴商务事物，在发展当中难免要遇到一些问题和阻碍。以中国到俄罗斯的跨境电子商务为例。

① 通关问题是跨境电子商务会遇到的首个问题

俄海关配置的工作人员和海关的基础设施是按照常规设置的，但是，跨境电子商务带来了数量庞大、种类繁多的小包裹。所以就造成了货物通关时间长，包裹的大量积压。再有，中国很多的电商向俄发货的方式都采用的灰色清关，入境货物没有合法的身份，安全没有保障很容易发生货物丢失的现象，中国电商的经济损失风险很大。

② 支付问题

众所周知，俄是一个现金主导的经济体。俄罗斯人习惯的支付方式是现金支付，许多的俄罗斯人对在线支付不太信任，甚至有些信用卡开通在线支付也需要银行进行复杂的审核程序。所以，多数的电商都是和俄罗斯当地的物流公司进行合作，采用当地公司代收代发货的方式，然后再把资金回笼回国。但是，这种做法不仅让资金的回笼周期拉长，而且增加电商的运营困难。再有，俄罗斯政府曾经还颁布了法令，要求外国的电商在俄罗斯境内设立服务器，这势必增加电商的运作成本。

③ 物流问题

俄罗斯的物流基础设施，还有邮政的分拣投送发展得非常缓慢，几乎处于不动状态。在俄罗斯的中心城市莫斯科和圣彼得堡快递发展得比较快一些，但是靠近亚洲地区的一些城市就相当的落后了。而且快递费用也比较贵，市郊范围甚至要另加费用，俄罗斯城市物流发展的不均衡，造成快递货物的积压。

（3）中俄跨境电子商务对所遇到问题的解决办法

由于西方经济制裁，国际油价的下滑，卢布汇率暴跌等经济形势恶化等的影响，俄罗斯本国消费者的购买能力明显的下降。消费者对价格会更加的敏感，消费者的需求会从欧美等奢侈商品的消费到物美价廉的中国商品上迅速转移。俄罗斯和中国的经济贸易的进一步的增加，跨国电子商务带来的财富会对俄罗斯带来巨大的改变。首先，在通关问题上，在中国政府的大力推动下，中国和俄罗斯在中国黑龙江省绥芬河市开通了中俄跨境电子商务服务平台，实现对俄罗斯电商平台、物流、操作系统和海关总署电子口岸的对接。从而解决了跨境电商的海关通关的问题。其次，中俄跨境电商对于支付方式已经在积极地探索第三方支付这种方式，通过线上和线下的支付方式，促进中俄电商和支付系统的合作。最后，中国邮政已经和俄罗斯的铁路公司签订协议，开通了中国邮政运往俄罗斯的铁路运输国际业务，这不仅降低了快递的成本，而且货物也更加安全，更加实惠。

2. 中俄蒙跨境电子商务的发展方向

（1）中俄蒙跨境电商交易市场、交易主体、交易商品范围的扩大

从开始进入到俄罗斯和蒙古国的主要城市，到全覆盖地深入俄罗斯和蒙古国全国。跨国电商阿里巴巴、中国制造网、京东商城、敦煌网等这些电商巨头，从 B2B 的发展，到 B2C 的齐头并进，C2C 的方式也逐步会发展起来的。随着中国企业进一步的扩大业务范围，中国传统外贸企业会成为跨境电商的主体，随着信息技术的应用和发展渠道的不断创新，中国企业将会进一步地扩大业务范围，经营产品范围也会逐步从美容护理产品、服装、食品、医药和电子产品向汽车、家居等大型产品的领域扩展。根据现有的可靠数据显示，有 70%左右的商家都有扩充现有经营范围的打算。

（2）中国传统的外贸公司将会成为跨境电商的主体

随着我国和俄罗斯、蒙古国的跨境电子商务的进一步发展，海关通行的进一步便利，监管系统的建立和进一步完善，我国从事对外贸易的企业和公司也将乘着跨境电子商务这艘大船，将不仅从事传统的外贸业务方式，公司将会通过多种的平台从事跨境电子商务的营销。而且，跨境电子商务也将会是外贸企业和公司的主要的营销方式。营销方式的转变也带来生产方式和价值实现的改变，从价值的实现者到价值的制造者，从产品的交易者到产品的生产制造者，从以消费者的需求为商业活动的中心到生产出能够引导消费者需求的产品。外贸公司将会是跨境电子商务的主体。

第二节　跨境电商的运营模式

跨境电商按进出口方向的不同，可分为跨境进口电商和跨境出口电商。早期，跨境出口电商是行业的聚焦点，2014 年 7 月份以后，海关总署相继发布了 56 号、57 号文件，确立了跨境进口电商的合法地位，海淘阳光时代开启，中国跨境进口电商开始成为行业热点，步入快速发展通道，大批跨境进口电商企业进军市场，其运营模式根据业务形态的不同，主要可划分为以下四种：平台型运营模式、自营型运营模式、保税区/自贸区综合服务运营模式、导购/返利型运营模式。对跨境进口电商的主要运营模式进行比较分析，有助于我们更好地了解跨境进口电商的业态。

一、跨境进口电商主要运营模式及典型代表

（一）平台型运营模式

采取该模式的跨境进口电商企业，运营重点在于打造优质、规模化的电商平台，吸引符合要求的第三方卖家如国外品牌商、渠道商、职业买家和店主入驻，通过入场费、交易费、增值服务费等方式获取利润。天猫国际、洋码头、京东全球购、淘宝全球购等为该模式的典型代表。

1. 跨境电子商务平台的运营模式的分类

跨境电子商务平台的运营模式按照不同的分类标准存在不同的分类，目前针对跨境电子商务平台运营模式的分类有许多种。

（1）按照平台提供的业务种类多寡分类

跨境电子商务平台运营模式按照平台所提供的业务种类可以分为单一业务跨境电子商务平台模式和综合业务跨境电子商务平台模式。提供单一业务的跨境电子商务平台，在当今社会环境下，有许许多多的真实存在。针对这种类型的电子商务平台，主要是一些实力比较强大的外贸企业或者是一些能够获取巨额利润的、拥有单一业务的外贸企业进行自建，换个称谓就是自建跨境电商平台。这些企业通过自己开发，或者购买成熟的跨境电子商务平台来实现跨境贸易，实现企业的盈利。目前一些大型的外贸公司都拥有自己的跨境电商平台，只针对自己的业务服务，当然其中实现的利益也是巨大的，因为中间没有第三方的介入，可以极大地降低利润流失，例如：米兰网、兰亭集势等。对于提供综合业务的跨境电子商务平台，大家还是比较常见的，这些企业以第三方服务商的形式出现，例如：天猫国际、亚马逊、敦煌网等知名的跨境电子商务平台，提供综合业务。一般这类平台以招商的形式邀请商家入驻，为商家提供互联网支持（包括产品推广、服务器运维、在线支付等功能）、物流支持、宣传、与消费者交易等相关服务，一般这类平台以零售为主，大宗生意为辅。

（2）按照平台的面向范围来进行分类

跨境电子商务平台的运营模式同时也可以根据跨境电商平台面向的区域范围划分为局域性跨境电商服务平台和全球性跨境电商服务平台。这些服务平台还是相当常见的，例如一些东南亚的水果商为了更好地与周边几个或者单个国家进行跨境贸易，一般会选择开发具有针对性的跨境电子商务服务平台，一般这类平台具备的特点是产品类型比较单一、销售范围具有局域性与针对性。针对于此类电子商务平台往下细分，又可以分为提供综合业务、单一服务的跨境电子商务平台，从这一点就可以看出跨境

电子商务平台运营模式的划分其实是相互关联的。再有，就是全球性的跨境电子商务平台，这类跨境电子商务平台也是很多的，如果是单一企业运营的话，那么这类企业一般具备三个特点：其一，经济实力相当雄厚；其二，市场相对较为广泛；其三，利润额度相对较大。

如果是例如亚马逊等此类电商平台运营的话，也会具备一些这样的特点：第一，服务范围广泛；第二，由商家群构成等。这类分类规范，对跨境电子商务平台运营模式的研究也是十分有帮助的。

（3）按照服务类型来进行分类

随着跨境电子商务的在全球各大行业的蔓延，目前的跨境电子商务也不单单仅局限于产品的输出，目前已经扩展到了服务输出、金融输出、文化输出等各个领域。当然同时也随着我国大力引导传统经济向互联网转型的政策的推广，我们身边许许多多提供非产品服务的公司都在向互联网转型。出现了许许多多的以输出非产品服务为代表的跨境电子商务平台，这类跨境电子商务平台相对于以产品输出为主的跨境电子商务平台来说显得更加轻巧，不用顾忌物流因素、产品退换因素等，例如，一些做全球旅游的公司，他们往往通过自己的跨境电子商务平台来运营，通过接收全球旅游客户，来提供旅游服务，实现服务的全球输出。而我们常见的方式就是以产品为主导的跨境电子商务平台，其主要是通过平台进行物品交易，然后再结合物流运输，实现最终的交易。通过平台最终实现物品的全球流通，促进全球经济的发展。

2. **跨境电子商务平台运营模式新特点**

新的时期新的发展，随着跨境电商的逐步发展，跨境电商的运营模式也在发生着巨大的变化，针对目前情况，跨境电商平台运营模式也表现出以下新的特点：

（1）营销方式多样化

随着近些年中小型企业在跨境电商市场中的发展，跨境电商平台的宣传方式已经从最初的电视营销、报纸、广告单页宣传逐渐转变为多资源多渠道的整合营销，当然相对于传统的一些营销方式，目前多渠道多资源的整合营销更适应这个时代的发展。在信息爆炸的今天，人们获取信息的方式是多种多样的，甚至一些传统的宣传媒介已经不足以引起消费者关注，如果还局限于传统的宣传方式，显然不足以满足企业的需求。正是在大环境的催生下，目前跨境电商平台已经开始借助各种互联网工具，例如微博营销、网站门户营销、影视广告营销等，同时结合传统的营销模式，进行多元化营销。同时跨境电子商务平台也通过多种渠道获取到买家的各种资源，并对买家资源进行整合与聚合，让企业获得最权威，最实时的一手资源。这让出口企业获得了更多的曝光与商机，对于整个跨境电子商务企业来说，是十分有帮助的，既扩大了影响力，同时也让企业获得了更多、更丰厚的利润。正是由于跨境电商平台营销方式的多样化，才使得世界跨境电商行业的发展日新月异。

（2）以大数据为支撑

跨境电子商务平台是承载跨境交易的载体，所有的通过平台完成的跨境交易都会在平台生成自己的数据。随着跨境电子商务的逐渐风靡，海量的交易信息其实在另外的一个层面上成了跨境电子商务平台的又一大经济资源。数据是死的，但是我们可以通过分析数据获取到意想不到的收获。并且通过对系统的分析获取到的数据都是最真实、最实时的一手信息。此类信息可以指导跨境电子商务的发展方向、有效地规避风险，实现利益的最大化。举一个简单的例子，淘宝，我们平时都会使用它去购物，但是你会发现每个人的首页信息是不一样的，这就是数据挖掘，平台会根据我们近期产生的一些操作，可以是搜索、可以是购物，通过这些信息，淘宝就能够分析出我们自身的需求，更有针对性地向我们提供有价值的购物信息。一方面方便了我们购物，不需要去海量的商品信息中选取自己心仪的产品；另一方面也增加了淘宝的销量；同时根据这些推荐信息，平台本身也可以获取高昂的宣传费用。除了从消费者角度考虑以外，从企业的角度来说，也是极其有益的。我们可以通过定期对平台相关数据进行分析，研究出当地消费者的生活习惯，了解到人们对产品的喜好，当然还有很多方面的有用信息。通过对这些信息的挖掘，可以引导跨境电商企业去及时地调整营销方案，升级产品去满足消费者的需求，从而实现销售利润的最大化。当然从这些数据，我们也可以分析出跨境电子商务未来的一个发展方向，促进跨境电子商务平台的改革与转型，实现长远发展。

3. 当今跨境电商平台影响因素分析

（1）影响跨境电子商务平台发展的因素分析

① 通关问题对于跨境电子商务平台的影响

跨境电子商务平台不同于国内的电子商务。跨境电子商务无法避免的一个环节就是产品进出口通关。尽管中间有跨国物流公司的参与，但是产品跨境仍然是需要进行通关检查的。但是对于国内的跨境电子商务来说，是不存在这些问题的，就拿国内的跨境电子商务来说，通过物流公司可以直接从始发地发往目的地，中间不需要经过海关检查。对于国内物流来说，货物从发出到接收一般稳定在三天左右的时间，但是由于跨境电子商务平台的货物运输需要经过海关的审查，所以不可避免地要多消耗额外的时间。同时又由于不同国家之间海关的审查项目不尽相同，所以就会导致一些产品在通过海关时被强行扣押，导致交易失败。同时由于海关对通关货物的检查十分谨慎，并且大量的小件物品通关，海关的监管程序都需要去花费大量的时间去进行检查，这些问题都是当前跨境电子商务平台所面临的具体问题。随着跨境电子商务的不断发展，这些方面的问题表现得越来越突出，导致社会和相关企业对提高海关效率的呼声越来越高。

② 语言障碍对于跨境电子商务平台的影响

语言障碍是几乎所有跨境电子商务平台都需要去面对的一个不可避免的实际问题。针对局域性的跨境电子商务来说处理起来还相对轻松，但是如果对于全球范围的跨境电子商务平台来说，就显得捉襟见肘了。要么都采用国际通用语言去进行交流，要么让平台去实现语言转换，实现实时交流。采用国际通用语言，也就是英语，进行交流的话，就要求消费者和商家都需要熟悉英语，并且能够用英语进行交流，显然这就构成了一个无形的限制，也就是交易双方都能够用统一语言交流，这就必然会降低交易数额；但是如果采用第二种方式的话，对于平台来说有两种选择、要么雇佣大量的外语翻译，进行实时翻译；要么开发智能的系统，实现智能翻译。对于这两种方案，都会增加平台的资金投入，并且实现难度还相对较大。尽管现在的跨境电子商务平台都在尽量避免语言不同产生的障碍，但是语言障碍依旧是制约跨境电子商务平台发展的一个重要因素。

③ 跨境电子支付隐患对于跨境电子商务平台的影响

跨境电子支付是整个跨境电子商务平台中最核心的部分，也是安全程度要求最高的部分，也是衡量一个跨境电子商务平台信赖程度的重要方面。在传统的贸易方式下，交易双方往往是通过特定支票或者单据，到指定的银行办理款项的收付，资金流转通过银行进行。但在跨境电子交易中，交易双方并不是十分了解，对于彼此的信用了解程度不是很高，特别是对于小金额的交易，交易双方实在没有必要去走繁琐的担保程序，因此，这就导致了商家很有可能收不到交易货款，或者消费者在执行了支付之后，无法保障货物收到与否，所以从中可以观察到交易双方存在着很大程度的信用不确定性。我国对于跨境支付尚没有一个统一的管理规范，没有明确跨境业务范围和保证金数额，整个交易过程依赖于第三方支付，而第三方支付在技术上远未达到网络资金转移顺畅的要求，无法提供境内外交易双方的完善信息，与银行之间的合作力度不够，加之网上交易的虚拟性，网上资金转移迅速，不解决这些技术难题，就无法确保网上交易的安全。同时由于我国采用人民币去进行支付，而不是世界通用货币美元，这就导致人民币不能够进行跨境电子商务支付，而必须通过美元进行跨境电子商务支付，这就造成了许多不必要的麻烦，增加了跨境电子商务交易的复杂度。

④ 跨境电子商务人才匮乏，缺乏科学管理引导的影响

任何一个行业跨速发展都离不开人才的支撑。跨境电子商务的发展更是如此，作为一个新兴不久的行业，跨境电子商务领域还存在许许多多的地方需要改善。这就需要大量的人才去进行建设与发展。跨境电子商务涉及的领域十分广泛，需要各种各样的人才助力，例如：计算机技术人才、国际贸易人才、国际营销人才、高端管理人才

等。大量的人才投入，一方面能够促进整个行业的快速繁荣与发展，另一方面也能有效地促进整个行业的规范化发展。相关领域人才通过科学的理论与方法去引导整个行业发展，实现整个行业的规范化、高效化、科学化的转变。当然引进高端人才，也能够促使跨境电子商务整个产业链从业人员业务素养的提升，为消费者提供更优质的服务。

（2）促进跨境电子商务平台发展的措施

针对跨境电子商务平台存在的诸多因素，从国家层面上来说，国家政府已经大力引导传统行业向互联网靠拢，大力引导国内企业向跨境电子商务转型，特别是国内产能过剩的企业，通过跨境电子商务平台向世界各地去输出产品，降低国内产能，实现经济复苏；同时在政策层面，政府应该在不违反原则的情况下进行政策倾斜，给跨境电子商务创造一个适合发展的环境；同时国家政府应该扩大国际贸易交流，与海外各国建立跨境电子商务合作伙伴关系等。对于企业来说，应该提升竞争意识，以产品创新带动经济增长，俗话说"打铁还得自身硬"就是这个道理，在国际竞争中只有努力提升产品质量，满足消费者对于产品的各种需求才是王道；同时跨境贸易企业也应该扩大自身的影响力，采取多渠道宣传方式，扩大自身跨境电子商务平台的影响，增加跨境电子商务平台的交易额。利用平台数据进行数据挖掘，根据信息对企业发展做出及时的调整，让企业始终走在时代的最前沿。

（二）自营型运营模式

采用该模式的跨境进口电商企业以商品自营为主，须深入备货、采购、销售、物流、报关等各环节，供应链管理、控制要求高。苏宁易购海外购、聚美优品极速免税店、考拉海购、唯品会全球特卖、蜜芽宝贝等为该模式的典型代表。

（三）海外商品闪购模式

除了以上进口零售电商模式之外，海外商品闪购是一种相对独特的玩法，我们将其单独列出。由于跨境闪购所面临的供应链环境比起境内更为复杂，因此在很长一段时间里，涉足跨境闪购的玩家都处于小规模试水阶段。

闪购模式源于法国名品折扣网——VP网（Vente-privee.com），它以B2C的形式，定期推出各类奢侈品商品，以原价1~5折的价格向网站会员出售，每次特卖规定时限，消费者先买先得，售完即止。消费者点击购买商品之后，20分钟之内必须进行结算，否则商品将会被重新放回到待销售商品行列。同是以低折扣向消费者出售商品的商业模式，团购与闪购有何区别？聚尚网CEO牛利奔认为，"网友在团购网站购买的大多是服务，实物产品较少。即使销售的是实物产品，也大多以单品为主，而闪购网站售卖的是品牌的系列产品，选择余地大，而且国际名品的诱惑更大"。

牛利奔的这种说法得到国内另一家广受欢迎的闪购网站——唯品会的媒介及公关经理苏思敏的认同。在苏思敏看来，"团购以提供本地服务类优惠信息为主，不仅受地域限制，而且进入门槛低，说到底是一种促销方式。而闪购没有地域上的限制，而且行业进入的门槛较高，需要配套的仓储和物流体系支撑"。

"Gilt Group 实行会员制，网友只有通过邀请才能成为会员，并享受专属的优惠价格。"牛利奔称闪购模式让会员体验到了尊贵的感觉，因此在美国一出现就迅速受到消费者的欢迎，成为团购之外的另一种潜力巨大的商业模式。

1. 剩余货品销售的好渠道

牛利奔称自己建立聚尚网并不是跟风，在服装生产和营销领域打拼了多年的他，对行业有着深刻的理解，他认为所有传统的服装企业都会遇到过季商品的剩余堆积问题，线下销售受到地域的影响，而互联网能够使产品销售范围最大化，是剩余货品最好的营销渠道。"商家通过电子商务可以迅速将积压的货品销售出去"。

唯品会 CEO 洪相波虽然不像牛利奔一样是服装行业的老兵，但由于在法国这个以浪漫和奢侈品消费著称的国家生活多年，他能够细腻地把握消费者的消费心理。他创建闪购网站的灵感源于他看到自己的太太经常大清早守在电脑旁兴致勃勃地在 VP 网上抢购折扣商品。妻子的行为让他意识到闪购模式具有巨大的吸引力，这种抢购的快感适用于各个阶层的消费者，包括渴望得到名牌的中低收入人群和已经拥有名牌的高收入人群。于是，洪相波复制该模式建立了闪购网站唯品会。

在洪相波看来，要将库存积压商品销售出去，一是要降低产品价格，提高商品的性价比；二是通过限时抢购的方式，调动消费者的购买热情；三是要通过多渠道宣传和 SNS 功能，加强用户黏性，提高消费者的二次购买率。

2011 年 2 月 24 日，唯品会推出了 Lily 服装品牌特卖，仅一天就卖出了 4 万件。由于定位清晰，产品物有所值，唯品会的会员数量和销售额不断增长。目前，唯品会的会员数量已经超过 180 万个。2010 年，唯品会的销售规模迈入了亿元行列，并且在 2010 年 10 月获得来自美国 DCM 和红杉资本的 2 000 万美元投资。"闪购模式使消费者能以很少的投入提升生活品质，所以能够得到消费者和投资者的认可。"苏思敏表示，由于中国奢侈品消费市场逐年增长，唯品会近期推出了奢侈品频道，为消费者提供国际知名的奢侈商品。

2. 进行本土化改良

近年来，尽管我国电子商务发展很快，网购环境不断改善，出现了一批忠实的网购粉丝。但是由于消费者接触网购的时间还比较短，消费力仍然较弱，加之诚信缺失在行业内普遍存在，因此，大多消费者仍然对网购持怀疑态度。

聚尚网在成立之初将产品定位在国际知名的中高端品牌，但是牛利奔发现消费者对网购高端商品多持怀疑态度，因此，他转而按照中国目前的消费水平定位中高端商品的层次。"重新定位之后，聚尚网商品的折后价格甚至低到几十元。"牛利奔通过这种方式吸引消费者进行尝试性购买，提升服务质量以增强消费者的信心，"消费者在尝试购买时体验很好的话，就会慢慢提高网购产品的层次，消费预期从几十元涨到几百元、几千元甚至更多"。除了依据中国人消费水平调整销售商品之外，精确地定位目标群体并且提供针对性商品，也是闪购能在进入中国之后获得认可的重要原因之一。

"一款产品是否适合通过闪购模式销售与其自身的目标消费者定位密切相关"。在聚尚网牛利奔看来，中国网购的主力为25～40岁之间的女性消费者，因此闪购产品的目标消费者应该在她们中间，例如有些商品定位在15～16岁的人群，但是这个群体并没有购买力，但是他们的父母大都在40岁以上，并不属于网购的主导群体，反而是5岁以下的儿童商品销售更好，因为他们的父母大都是30～35岁之间，正好符合聚尚网的消费主导人群定位。

3. 提升物流反应速度

随着网购得到越来越多消费者的认可，闪购模式的潜力被业内普遍看好，一些传统企业和电子商务巨头开始进入该领域。上品折扣继建立上品折扣网进入电子商务领域之后，也推出了闪购频道；一些电子商务企业也不时推出闪购促销活动，以吸引消费者。这些电子商务企业的进入让闪购行业的竞争日益激烈。

每天生成的大量订单，对闪购网站的物流服务能力提出了挑战。国外闪购网站大多在订单生成后的1个月之内发货，但中国消费者显然对此难以接受。为提高物流效率，2010年10月，唯品会将仓库搬至广州南海普洛斯物流园，该仓库占地2万平方米，是华南区B2C企业最大的物流中心。

"聚尚网从物流速度、产品包装、产品描述、售后服务等方面提升服务，以获得更多消费者认可。"牛利奔表示，"为应对即将到来的激烈竞争，当积累到一定阶段时，聚尚网必须采取差异化经营策略"。

（四）导购/返利型运营模式

采用该模式的跨境进口电商企业通过商品导购资讯、商品比价、海购社区推荐、用户返利等方式来为商家引流，使消费者通过站内链接向海外电商或者海外代购者提交订单，实现跨境购物。55海淘、一淘网、什么值得买、海猫季等为该模式的典型代表。

导购/返利模式是一种比较轻的电商模式，可以分成两部分来理解：引流部分＋商品交易部分。引流部分是指，通过导购资讯、商品比价、海购社区论坛、海购博客以及用户返利来吸引用户流量；商品交易部分是指，消费者通过站内链接向海外B2C电商或者海外代购者提交订单实现跨境购物。

为了提升商品品类的丰富度和货源的充裕度，这类平台通常会搭配以海外 C2C 代购模式。因此，从交易关系来看，这种模式可以理解为海淘 B2C 模式＋代购 C2C 模式的综合体。

在典型的情况下，导购/返利平台会把自己的页面与海外 B2C 电商的商品销售页面进行对接，一旦产生销售，B2C 电商就会给予导购平台 5%～15%的返点。导购平台则把其所获返点中的一部分作为返利回馈给消费者。

优势：定位于对信息流的整合，模式较轻，较容易开展业务。引流部分可以在较短时期内为平台吸引到不少海购用户，可以比较好的理解消费者前端需求。

劣势：长期而言，把规模做大的不确定性比较大；对跨境供应链把控较弱；进入门槛低，玩家多，相对缺乏竞争优势，若无法尽快达到一定的可持续流量规模，其后续发展可能比较难以维持下去。

代表玩家：55 海淘、一淘网（阿里旗下）、极客海淘网、海淘城、海淘居、海猫季、Extrabux、悠悠海淘、什么值得买、美国便宜货。

二、跨境进口电商各运营模式

2017 年销售份额占比分析及 GMV（成交总额）量级。

（一）2017 年销售份额占比分析

据中国电子商务研究中心 2018 年 6 月份发布的《2017 年度中国网络零售市场数据监测报告》显示，中国跨境进口电商市场交易规模从 2012—2017 年间，已由 4 500 亿元增至 1.76 万亿元。市场交易规模在高速增长中，跨境进口电商企业对市场的争夺也日益激烈。艾媒咨询数据显示，2017 年第 4 季度，中国跨境进口电商零售销售额占比分布中，天猫国际以 27.6%的市场占比居于榜首；天猫国际网易考拉海购占比为 20.5%，居于第二位；京东全球购以 13.8%居于第三位。

根据归属模式的不同对 2017 年跨境进口电商零售销售额占比数据进行重新比对，天猫国际、京东全球购、洋码头这类平台型的跨境进口电商，占比总和约 38.8%，而网易考拉海购、唯品国际、聚美优品极速免税店这类自营型的跨境进口电商企业，占比总和约 50.3%。可见，平台型和自营型的跨境进口电商，零售销售额占据市场的大比率。从两者的占比数据看，目前自营型的跨境进口电商在销售占比方面略有优势，但结合各运营模式自身优劣势来看，平台型跨境进口电商，前期因受困于海外品牌进驻缓慢等原因导致销售占比略低是现阶段的正常形态，一旦交易平台进一步成熟、规模化，其发展潜力是非常巨大的，国内平台型电商的发展史就很好印证了这一点，因此，未来的竞争格局还存在很大的变数。

（二）GMV（成交总额）量级预测

GMV（成交总额），是衡量电商业务增速的一项重要指标。目前，国内零售电商的GMV体量大致分为三个级别：第一级别即淘宝、天猫中介平台，其GMV体量已达万亿元级；第二级别即京东商城自营平台，其GMV体量已达千亿元级；第三级别即其他各类导购闪购类电商平台，其GMV体量总和达亿元级。各量级间约存在10倍的差距。业内预测，随着市场规模的进一步扩大，未来不同运营模式的跨境进口电商，其GMV体量最终很可能像国内零售电商一样处于不同的量级上。

结合跨境进口电商各运营模式自身的优劣势及其销售份额占比分析预测，未来不同运营模式的跨境进口电商业务体量级别排序大致如下：平台型跨境进口电商＞自营型跨境进口电商＞其他类型跨境进口电商。与国内零售电商模式的级别相对照，其分布形态类似，各级别间的体量也可能出现数倍的差异。当然，当前跨境进口电商的市场渗透率仍较低，市场规模仍待进一步增长，因此，近期内这种量级分布及体量差异并不明显。当市场出现其他变量或影响因素，未来的量级分布也不排除出现更大的波动。

三、跨境进口电商各运营模式未来竞争趋势分析

随着中国跨境进口电商业务发展迅猛，预测未来市场的渗透率会不断提升，用户规模和市场规模将出现较大的增长空间。出于对市场和用户的争夺，跨境进口电商间的角逐将会更加激烈，优势地位甚至龙头地位将逐渐确立。顺应跨境电商行业未来的发展趋势，运营模式各异的跨境进口电商企业，将从以下两个主要方面展开竞争。

（一）完善商品品类，加强品质保证，保障消费者权益

目前跨境进口电商平台提供的商品类别主要集中在美妆、护肤、母婴用品和箱包方面，主打少数"爆品"，用户可选择面窄。靠"爆品"获取来的用户忠诚度低，一旦价格优势不明显，用户会大批流失。因此，随着市场的进一步开放和消费者的需求升级，国内跨境进口电商需准确把握需求变化，进一步丰富其销售的商品品类，才能满足消费者多样性的选择，以提升用户的黏度和购买率。另外，品质保证仍是驱动消费者进行跨境网购的重要因素，在完善商品品类的同时，注意严格把控商品品质，推动正品保障，才能更好提升用户的满意度。

（二）整合供应链管理，增强跨境物流水平

跨境电商的一个痛点在物流。从国外运输到通关再到国内运输，商品经历的物流链条很长，而如何解决好该问题，跨境电商物流成为问题的关键，对于电商行业的发展也起着重要的作用。现在跨境电商外贸卖家越来越多，每当做业务开始有订单时，第一个要考虑的问题就是怎么选择快递物流把货发到国外去。一般来讲，作为跨境网商中基数最大的小卖家，他们可以通过平台发货，也可以选择国际小包等渠道。不过，对于大卖家或者独立平台的卖家而言，他们需要优化物流成本、还需要考虑客户体验、需要整合物流资源并探索新的物流形式。对于这两种体量不同的卖家来说，到底哪种跨境电商物流比较适合他们的属性和自身定位呢？

1. 邮政包裹模式

据不完全统计，中国出口跨境电商 70% 的包裹都是通过邮政系统投递，其中中国邮政占据 50% 左右。因此，目前跨境电商物流还是以邮政的发货渠道为主。邮政网络基本覆盖全球，比其他物流渠道都要广。这也主要得益于万国邮政联盟和卡哈拉邮政组织（KPG）。

不过，邮政的渠道虽然比较多，但也很杂。在选择邮政包裹发货的同时，必须注意出货口岸、时效、稳定性等。像从中国通过 E 邮宝发往美国的包裹，一般需要 15 天才可以到达。

2. 国际快递模式

国际快递模式，指的是四大商业快递巨头——DHL、TNT、UPS 和联邦。这些国际快递商通过自建的全球网络，利用强大的 IT 系统和遍布世界各地的本地化服务，为网购中国产品的海外用户带来极好的物流体验。

例如，通过 UPS 寄送到美国的包裹，最快可在 48 小时内到达。然而，优质的服务往往伴随着昂贵的价格。一般中国商户只有在客户时效性要求很强的情况下，才使用国际商业快递来派送商品。

3. 国内快递模式

国内快递主要指 EMS、顺丰和"四通一达"。在跨境物流方面，"四通一达"中申通和圆通布局较早，但才发力拓展也较晚。比如，美国申通在 2014 年 3 月才上线，圆通也是 2014 年 4 月才与 CJ 大韩通运合作。而中通、汇通、韵达的跨境物流业务也启动不久。

顺丰的国际化业务则要成熟些，目前已经开通到美国、澳大利亚、韩国、日本、新加坡、马来西亚、泰国、越南等国家的快递服务，发往亚洲国家的快件一般 2～3 天可以送达。

在国内快递中，EMS 的国际化业务是最完善的。依托邮政渠道，EMS 可以直达全球 60 多个国家，费用相对四大快递巨头要低。此外，中国境内的出关能力很强，到达亚洲国家是 2～3 天，到欧美则要 5～7 天。

4. 专线物流模式

跨境专线物流一般是通过航空包舱方式运输到国外，再通过合作公司进行目的国的派送。专线物流的优势在于其能够集中大批量到某一特定国家或地区的货物，通过规模效应降低成本。因此，其价格一般比商业快递低。

在时效上，专线物流稍慢于商业快递，但比邮政包裹快很多。市面上最普遍的专线物流产品是美国专线、欧美专线、澳洲专线、俄罗斯专线等。也有不少物流公司推出了中东专线、南美专线、南非专线等。

5. 海外仓储模式

海外仓储服务指为卖家在销售目的地进行货物仓储、分拣、包装和派送的一站式控制与管理服务。确切来说，海外仓储应该包括头程运输、仓储管理和本地配送三个部分。而三个部分指的是什么呢？

头程运输：中国商家通过海运、空运、陆运或者联运将商品运送至海外仓库。

仓储管理：中国商家通过物流信息系统，远程操作海外仓储货物，实时管理库存。

本地配送：海外仓储中心根据订单信息，通过当地邮政或快递将商品配送给客户。

选择这类模式的好处在于，仓储置于海外不仅有利于海外市场价格的调配，同时还能降低物流成本。拥有自己的海外仓库，能从买家所在国发货，从而缩短订单周期，完善客户体验，提升重复购买率。结合国外仓库当地的物流特点，可以确保货物安全、准确、及时地到达终端买家手中。

然而，这种海外仓储的模式虽然解决了小包时代成本高昂、配送周期漫长的问题，但是，值得各位跨境电商卖家考虑的是，并不是任何产品都适合使用海外仓，一般只有库存周转快的热销单品适合此类模式，否则，极容易压货。同时，这种方式对卖家在供应链管理、库存管控、动销管理等方面提出了更高的要求。

跨境供应链管理是跨境进口电商发展受限的关键因素之一，只有实现有效的跨境供应链管理，加速货物流转速度，优化清关能力，处理好海外供应商管理和跨境物流执行，才能真正把自身企业做强、把市场做大，带给用户更好的购物体验和服务体验，也才能真正促进跨境进口电商新业态的发展，提高我国跨境电商的发展质量。以上五大模式基本涵盖了当前跨境电商的物流模式和特征。但也有一些"另类"，比如，比利时邮政虽然属于邮政包裹模式，但其却定位于高质量卖家，提供的产品服务远比其他邮政产品优质。最后，给跨境电商卖家一些建议：首先，应该根据所售产品的特点（尺寸、安全性、通关便利性等）来选择合适的物流模式，比如大件产品（如家具）就不适合走邮政包裹渠道，而更适合海外仓模式；其次，在淡旺季要灵活使用不同物流方式，例如在淡季时可以使用中邮小包降低物流成本，在旺季或者大型促销活动时期采用香港邮政或者新加坡邮政甚至比利时邮政来保证时效；最后，售前要明确向买家列明不同物流方式的特点，为买家提供多样化的物流选择，让买家根据实际需求来选择物流方式。

第三节　经济增长的新引擎

良好的市场经济环境，为电子商务的发展创造了良好的契机，在国际贸易转型发展的时期，跨境电商的作用力日渐显现，在国际贸易额中的占比逐年增加，这充分显现出跨境电商对传统国际贸易的影响。跨境电商对传统国际贸易的影响，主要体现在经营主体的改变、贸易方式的改变、经营方式与营销模式的改变三个方面。这些改变对推动国际贸易转型发展，带来了巨大的驱动力。

一、跨境电子商务助推我国对外贸易转型

随着经济全球化，互联网、电子商务的快速发展以及人们消费观念和方式的转变，我国跨境电商得以迅速壮大。而目前我国传统对外贸易的发展却遭遇瓶颈，急需转型升级，以便适应新的贸易方式。

我国贸易发展几十年的时间里，虽有改进和提升的地方，但是相对发达国家的对外贸易而言，还是摆脱不了以下三个方面的困境：一是产品附加值较低；二是产业结构发展不平衡；三是区域贸易不协调。跨境电子商务为我国传统贸易的整合和转型提供了重要驱动力，它可以使我国对外贸易向以下几个方面转型。

（一）向"中国智造"转变

跨境电子商务发展态势较好，电商企业的数量不断增加，其中不乏一些自有中小品牌电商企业。成本遭遇困境的中小型对外贸易企业，通过跨境电子商务平台，可以减少诸如在宣传、物流、通关等方面的成本。并可以将节省出来的资金投入技术研发及质量提升等方面，打造具有竞争力的自有品牌，再借助跨境电商的平台打入国际市场。而对于一些规模较大的国有企业而言，同样可以借助跨境电商与国外贸易便利的优势，提升自己在国际市场的知名度及综合实力。我国货物贸易进出口以外商投资企业的进出口数量居多，国有企业明显处于劣势，跨境电商平台为国企提供了很好的机会。跨

境电子商务有利于我国外贸企业提升综合竞争力，提高品牌意识，逐渐改变我国对外贸易中产品附加值低的局面，使我国出口的产品由"中国制造"向"中国智造"转变。

（二）向"综合服务业"转变

跨境电商在大数据方面的发展越来越深入，可以借助其特性帮助外贸发展从"以第一、第二产业"为主向"综合服务业"转型。想要促进外贸转型，必须"两条腿走路"：一是大力发展服务贸易，以承接高端的产业转移；二是制造业服务化，使出口加工贸易完美地适应我国外贸转型。

（三）向"发展周边国家市场"转变

跨境电子商务的进口来源和出口去向非常广泛，与我国存在跨境电子商务关系的国家和地区遍布全球。而我国传统进出口贸易商品除销往欧美外，日韩、中国港澳台、东南亚等地也是较多的商品销往地。借助跨境电子商务这一特点，能够有效地促进区域贸易的发展，加快区域贸易协调化。

二、促使中小企业进入国际市场

（一）跨境电商对中小企业发展的益处

国务院下发了促进电商企业发展的指导意见，意见强调我国应充分利用互联网的优势，发挥制造业强国的优势，特别是最近几年，国内外的经济环境发生巨大的变化，传统的订单模式正在悄无声息地发生着变化，越来越多的大额订单被小额订单所取代，这些小额订单正是中小企业在互联网模式下生存发展壮大的见证。依据我国商务部的统计，我国中小企业在跨境电商平台注册的比例已经达到 95%以上，充分说明跨境电商平台已经成为我国中小企业发展重要的阵地。跨境电商对中小企业发展壮大的助力主要体现在如下几个方面：

1. 跨境电商有效地缩短了贸易流通的环节，商品交易的效率不断提升

以国内中小企业生产的商品销售给国外的消费者为例，传统贸易的模式是首先由国内的中小企业制造商生产产品作为起点，中间需要四个交易环节，分别是国内的出口商、国外进口商、国外批发商和国外的零售商，经历这四个环节后商品才会在国外的消费者手中出现。跨境电商有效跨越了这四个交易环节的壁垒，国外消费者可以直接在跨境电商交易平台上购买由中小企业制造的商品，同时国内中小企业可以通过用户直观的感受改进产品，使得国内外用户购买的体验感更强，有效简化了流程。

2. 跨境电商的贸易模式有效的增加了企业的盈利能力

在我国传统的贸易生产中，生产企业仅仅需要做好生产工作，其他工作全部由代理公司来完成，国内外的消费者与生产商之间存在着多个交易环节，每经过一个环节都会加一层利润，中小企业可获取的利润很低。通过跨境电商平台，中小企业打破了中间商的垄断，消费者可以在互联网平台上挑选适合自己的产品，跨境电商平台已经取代了中间商成为为中小企业服务的平台，不断为中小企业提供服务，降低中小企业的成本，增加中小企业的利润。

3. 中小企业参与跨境电商门槛较低，参与外贸变得越来越容易

比较知名的跨境电商平台速卖通在为中小企业提供代理通关等服务方面提供低廉的成本，为中小企业在不具备进出口资质情况下提供高效低价服务方面做出了重要的贡献。

4. 跨境电商有效地提高了中小企业产品的市场定位

互联网支持下的跨境电商平台，中小企业由最初的尝试拓展到后续的扩张壮大，中小企业在跨境电商平台从最开始因信息的冗杂而无从下手到后来的得心应手，是中小企业在跨境电商平台发展的必经阶段。在这一阶段中，中小企业缺少跨境电商方面的专业人才，仅仅依据自身对跨境电商平台的理解进行操作。发展相对成熟的电商平台有专业的团队进行把控和操作，有效引导中小企业开展有针对性的创新，帮助中小企业对客户进行精准定位，寻找到真正有需求的客户。

（二）中小企业跨境电商发展遇到的难题

近年来中小企业跨境电商发展迅速，在发展壮大的过程中面临了很多挑战，我国接近 600 万家中小企业中仍有相当多的企业还没有开展跨境电商业务，本书从以下四个方面分析我国中小企业开展跨境电商业务面临的难题。

1. 受产品品质和知识产权纠纷的制约

很多中小企业跨境电商一心为了让企业发展业务，但是产品的侵权、假冒伪劣等各个方面的问题层出不穷，在商检方面缺乏严格的检查，导致相当多的商品出现安全和质量问题，加上企业的售后服务方面做得不够到位，在利润面前中小企业一味追求利益最大化，越来越多中小企业将残次商品、消费者退货的有瑕疵商品二次销售的问题不断出现，导致国内外的消费者投诉不断增多，也严重影响了我国外贸电子商务企业的集体形象问题。在这种状况下，很多的国家，如美国、加拿大、澳大利亚和德国等对电商企业进行严厉监管和打击，甚至针对我国中小企业生产的产品制定更苛刻的处罚条件来阻止中国产品进入他们的市场。

2. 跨境物流发展相对缓慢

中小企业跨境电子商务模式的特点是订单金额相对较小、采购次数较多，并且间

隔的周期较短，消费者对产品的需求通常是采用国际快递的方式进行操作。跨境电商
B2C 的物流模式主要有三种情况：第一种是国际快递，第二种是国际小包，第三种是
海外仓储进行规模化运output。国际小包这种业务模式通常运输时间比较长，成本相对较
高，而快递从我国到全球各地时间通常需要半个月左右的时间，慢的得需要 1 个月的
时间。很多国内的中小企业为提升速度，缩短时间，通常采取国外建仓的方式，但由
于中小企业的自身财力限制，在国外建仓的成本较大。因此，物流发展相对缓慢是电
子商务企业业务发展壮大的弊端。

3. 人才缺少导致中小企业跨境电商发展受到限制

中小企业跨境电商对人才的需求能力要求较高，不但具备强大的英语能力，同时
还需要金融方面的国际贸易、国际收支业务的办理等相关的业务，同时在互联网方面
还要掌握营销和电子商务方面的知识。而中小企业的规模相对较小，中小企业内部很
少有这方面的人才，并且中小企业在薪酬方面无法满足该业务平台所需人才的薪资要
求和职业发展要求。相关专业性人才缺乏是导致中小企业发展跨境电商业务的限制。

4. 中小企业对自身产品定位混乱，无品牌效应

消费者对产品的需求，无论从感性还是从理性的角度来说都是从品牌的定位方向
开始认知，很多中小跨径电商企业一味追求热卖的产品，无视产品质量和安全，导致
在跨境电商平台出现相似产品和服务。同类型企业销售的产品几乎一样，很多大型企
业因为有充足的资源应对中小企业，使得中小企业很难在跨境电商平台分得一杯羹，
中小企业在无定位和品牌中逐渐消失。

（三）中小企业开展跨境电商业务采取的措施

国内跨境电商不断升温的同时，各方的资本竞争出现白热化现象。伴随着国内对
跨境电商发展的利好政策的出台，中小企业不断跻身到跨境电商发展的行列中来。面
对国外经济环境、国外政治环境和国内外大型企业压力，中小企业想要在跨境电商平
台发展壮大，占领一席之地，不但需要国内政策环境的大力支持，更要求中小企业在
自身方面多下功夫，采取有效的手段从产品质量、服务质量等方面来实现生产经营战
略。本书从以下三个方面分析中小企业开展跨境电商业务采取的措施。

1. 提高企业的质量管理水平，力争做到产品的品牌化

面对跨境电商大环境下的假冒、劣质、侵权凸显的现状，企业更要严把产品的质
量关。不能只看重眼前利益，要从长远着手，单纯的价格竞争无法带来长远发展，品
牌、服务和产品才是成功的关键。

2. 完善通关环境，提高通关效率

在国内环节，通过政府手段协调海关、商检等部门调整与优化相关业务流程，简

化相关手续。在国外，进出口两国政府共同协商，制定有利于双方经济发展的通关制度、检验检疫管理制度，更好地带动双方国家的经济发展。同时，加快跨境电商综合信息平台建设，推动一体化监管，不仅能实现双方在海关、商检、外管、电商与物流公司之间信息的互通，而且对于通关、商检等业务的协同发展具有一定的促进作用。同时，也加快了单证的标准化和电子化进程，实现了跨部门的业务协同与数据共享。提高了通关效率，也促进了中外经济的共同发展。

3. 采用校企合作的模式，吸引行业人才，加强企业自有人才的培养

企业竞争，归根到底是人才的竞争。高职院校是培养人才的摇篮。首先，政府要做好引导作用，引导高职院校对外语类、计算机类等专业学生进行多方面的培养以适应需要，同时学校自身也要打造专业的教学团队，对专业的人才培养方案进行调整优化；其次，企业应积极进行校企合作，成立以提高学生实践和创业能力为目标的校企合作基地，为学生提供实习就业岗位，通过校企合作，培养全方位的电商和外贸人才，为企业输送新的血液。

4. 企业自身要加强团队建设，合理调配人才

企业可以从自己的实际情况出发，以运营人员为中心，适当地将网店装修设计、产品广告宣传设计和物流等较为不重要环节交由专业的第三方代办理。这样不仅可以减少人员开支，同时也可避免对目标市场的环境的偏差认知带来的产品定位失误，也可以更贴近消费群体的需求，对产品的市场准确定位。

三、提升中小企业外贸经济效益

（一）跨境电子商务在提升我国外贸竞争新优势中存在的问题

1. 缺乏跨境电子商务新业态运营经验

跨境电子商务的发展，一方面，打破了传统外贸模式下由进口商、批发商、分销商甚至零售商组成的国外渠道垄断局面，减少了贸易中间环节和成本，提升了外贸企业获利能力；另一方面，国外采购商已由大额采购转变为中小额采购、长期采购变为短期采购，订单多数是小批量，甚至是单件，外贸企业直接面对个体批发商、零售商和消费者，需高度重视零售终端客户产品使用体验和感知。跨境电子商务背景下，这种新的外贸业务模式将是我国外贸企业转型升级的方向和途径。目前，我国由传统贸易转向跨境电子商务贸易的外贸企业总体偏少，我国大多数外贸企业竞争的焦点主要还是放在实体经营上，不愿意尝试新的经营模式，缺乏跨境电子商务的运作经验。

2. 缺乏具有影响力的跨境电子商务品牌

目前，我国外贸企业在跨境电子商务市场主要是通过价格优势和特色产品赢得一定的市场份额。在跨境电子商务领域，普遍缺乏具有区域性或国际性影响力的产品品牌是制约我国外贸企业发展跨境电子商务的关键性因素。我国从事跨境电子商务的外贸企业，普遍具有扎实的技术和工艺基础，产品在欧美、东盟、南美、俄罗斯等市场已积累一定的客户群体。例如，我国的服装服饰、3C 电子、计算机及配件等产品在国外市场具有巨大优势，这些产品在介入跨境电子商务市场初期，因为产品新颖、性价比高，容易获得市场认可。但是随着行业不断发展，类似的产品不断充斥市场，价格和利润不断下滑，缺乏有影响力的品牌的劣势逐渐暴露。从长远来看，我国外贸企业需要创建属于企业本身的产品品牌，在跨境电子商务领域才有属于自己的核心竞争优势。

3. 缺乏产业链完善、服务体系健全的跨境电子商务园区

跨境电子商务产业园是推动电子商务发展的基石和新动力。自 2012 年 12 月我国开始开展跨境贸易电子商务服务试点城市，目前已在条件成熟的地区和城市全面铺开，各地跨境电子商务产业相继成立。但总体上，我国还缺乏一批特色突出、产业链完善、服务体系健全的跨境电子商务园区。跨境电子商务产业园区的建设和发展，有利于吸引国内外电子商务企业及相关配套企业入驻，带来产业聚集效应。完善的跨境电子商务园区，不仅可以为跨境电子商务企业提供优质的基础设施、网络和通信等硬件服务，还可以提供信息、通关、物流、仓储、金融、人才等一站式综合服务，从而提高企业效率和竞争力。我国跨境电子商务产业集中度还较低，很多产业园区正处于建设阶段，局限了我国外贸企业跨境电子商务业务的发展。

4. 通关退税难，缺乏高效的国际快递物流服务体系

随着跨境电子商务的发展，贸易逐渐向小批量碎片化发展，交易商品主要通过邮件和快件等方式进出国境。我国小额 B2B 和 B2C 跨境电子商务在出口过程中普遍存在难以快速通关、规范结汇、享受退税等问题。虽然我国海关总署已在不断完善相关通关政策，但全面铺开并实施还需要时间。此外，在国际快递物流领域，除了我国东部发达地区国际快递物流服务体系相对完备外，中西部地区整体上存在物流技术落后、物流体系不完善和物流信息不畅通的问题，限制了著名物流企业进入和发展。我国中西部相对落后的国际快递物流服务体系、国际航班、航线偏少，口岸通关效率低，投递周期过长等都是制约这些地区外贸企业发展跨境电子商务的至关重要因素。

（二）跨境电子商务提升我国外贸竞争新优势的途径

1. 大力推进我国跨境 B2B 电子商务发展

从交易模式来看，B2B 仍将是未来我国跨境电子商务的主流，我国必须大力推进

跨境电子商务的发展。跨境电子商务 B2B 模式的发展，将推动我国物流配送、电子支付、电子认证、信息内容服务等现代服务业和相关电子信息制造业的发展。我国外贸企业在提升产品制造工艺、质量的同时，必须加强研发设计、塑造品牌，重构价值链和产业链，最大限度地促进资源优化配置。从国家的层面上看，我国需通过谋划产业布局、实施试点先行政策、促进国际贸易无纸化和便利化、降低贸易成本。此外，在国家外交及国际合作的大前提下，必须打通我国与特定经济体之间的绿色通关、电子单证传输、货物运输、外汇结算等传统一般贸易无纸化的绿色通道。

2. 推进跨境电子商务平台国际化发展

在外贸 B2B 领域，阿里巴巴、敦煌网、环球资源、中国制造网、环球市场集团等跨境电子商务平台已在海外市场树立品牌，在我国，外贸竞争新优势的作用越来越显著。我国政府部门必须继续从政策上支持和保障我国各大电子商务平台规范地开展跨境电子商务，以便更好地发挥它们在整合国内企业资源、对接国际市场等方面的优势。同时积极支持国内跨境电子商务平台向国外先进的电子商务平台学习和借鉴，达到国际一流水准，进而开展规范化经营，有效提升服务品质，并不断创新交易模式。通过这一系列政策的鼓励和推进，我国跨境电子商务平台将来的发展步伐将会更大，同时大力提升整体水平，在推进我国外贸竞争新优势中发挥更为积极的作用。

3. 塑造品牌，利用行业优势有针对性地开发目标市场

我国外贸要在激烈的跨境电子商务市场竞争中占据一席之地，赢得国外消费者的认可，必须走品牌化之路。在跨境电子商务发展的大潮中，我国外贸企业一定要充分利用跨境电子商务平台优势，在市场成熟的欧美各国以及俄罗斯和南美等新兴国家，有针对性地开发目标市场，塑造产品品牌，提供高质量的产品和优质服务，增强产品在特定国家或地区的影响力。具体来说，我国外贸企业要转变经营理念，跳出价格战和代工思路，推出适应性的高性价比产品，创建属于企业自己的产品品牌。例如，我国机电类产品在东盟有广泛市场，有特定的产品和用户群体，相关机电类外贸企业完全有能力在既定的目标市场深耕细作，塑造产品品牌。我国外贸企业还可以利用跨境电子商务网络平台线上交易积累品牌忠诚客户，通过网络营销将品牌影响力深植忠诚客户的心中，走出属于企业自己的品牌化道路。

4. 建立海外仓储，实施本土化经营策略

在海外设立仓库可以有效解决外贸企业跨境电子商务物流小包成本高昂、配送周期漫长的问题。通过设立海外仓库，可以将零散的国际运输转化为大宗运输，降低企业物流成本、缩短发货周期、增加海外客户的信任和提升购买率、增强外贸企业竞争力。外贸企业在线远程管理海外仓储，保持海外仓储货物实时更新，通过指令对货物进行存储、分拣、包装、配送，主动掌控物流配送整个过程。要解决国际快递物流服务体系不完善问题，我国外贸企业要适时"走出去"，在市场相对成熟的国家和地区建立海外仓库，拓展境外营销渠道和品类，打造国外跨境电子商务市场产品聚集区，形成跨境电子商务销售主渠道。海外仓库的设立，有利于我国外贸企业在国外实施本土化策略，通过提供本土化服务和本土化营销，渗透到国外传统线下主流渠道，实现国内国外联动、线上线下互动。

第四章　高职学院学生创新创业教育与创业文化的现状分析

党的十八大报告提出，要"加大创新创业人才培养支持力度""支持青年创业"。党的十八届五中全会明确指出，要树立创新、协调、绿色、开放、共享五大发展理念，必须将创新发展摆在国家发展全局的核心位置。开展合乎时代发展和社会需要的高职院校学生创业教育，是高职院校素质教育创新改革的新要求。培养具有创业精神、创业意识和创业能力的优秀学生是高职院校创业教育的首要目标。在这个目标的指引下，为每一个立志创业的学生提供理性、实用、针对性强的创业教育，营造创业教育的校园文化氛围，帮助他们提升创业所需的知识、技能和心理素质等综合能力，鼓励学生积极投身到创业实践中去，是高职院校创业教育的现实任务。

第一节　高职学院学生创新创业教育的现状

一、高职院校创新创业过程分析及风险管理

"创新的含义很多，狭义的有我们通常理解的科技创新、技术创新。广义的包括改变产品，改变生产方式、生产组织。再广义的包括：制度、规则的改变。"经济家熊彼特对创新的定义就是改变生产方式，产生新产品。创新更多地在创业中得到体现，二者是密不可分的。对高职院校而言，更多面对的是广义的创新，是企业生产经营领域中一个繁杂持续的发展过程。

（一）创新创业的生命阶段划分及特征

基于生态系统视角下，借助于生命周期理论，创新创业可看作是一个完整的生命过程。按照生命发展变化规律，把这个过程划分为孕育期、初生期、成长期、成熟期、衰退期五个生命阶段，在创新创业的每个阶段体现出不同的生命特征。

1. 孕育期——创新创业的准备阶段

创新创业的孕育期：从创新创业的含义来看，对于高职院校的绝大多数学生来说是空白的，是从零起点开始的全新过程。这一阶段体现的是创新创业生命种子的播种，即体会、理解创新创业的含义、目的、意义等基本内涵，如何走进创新创业过程开展创新创业活动还无从谈起。这一阶段完全是创新创业起步的探索过程，是走进创新创业过程的准备阶段。

2. 初生期——创新创业的励志阶段

创新创业的初生期：经历了创新创业孕育期的准备，明确了创新创业的内容、方式、目的、意义等，开始进入创新创业的初生期。这一阶段主要是对创新创业的方向、领域、范围的思考、分析、确定。对于进入这一阶段的学生，一般应掌握一定的专业技能，具备一定的经济理论知识，否则，对于理论基础不占优势、又缺乏创新创业经验的高职学生来说，面对繁杂的企业生产经营过程和未来高度不确定的市场变化，很难选择科学正确的创新创业方向、领域和范围，而盲目不切合实际的选择，可能使创新创业过程无法继续或终止退出，从而直接走向衰亡。

这一阶段虽然是创新创业过程的开始，但它也是创新创业的基础，对未来创新创业过程的实施会产生极大的影响。所以对于有些创新创业项目，这一阶段应非常谨慎，要经过反复思考和严格论证才能顺利成功进入下一个生命阶段。

3. 成长期——创新创业的运作阶段

创新创业的成长期：包括成长初期、成长中期和成长后期，是把创新创业内容赋予实施、创新创业理念与社会实践相结合的过程。成长初期是创新创业内容刚刚开始实施的阶段，主要表现为成本费用的支出，难以或较少看到成果，更多的是失败、探索、再失败、再探索的往复过程，它是创新创业的最艰难阶段。不断的失败和未来的高度风险时刻考验着创新创业者的意志和耐力。对高职学生来说，经验的缺乏、经济上的不断支出，会给创新创业带来越来越大的运作困难。面对不断的失败、不断的成本费用投入和较少的成果效益，很容易使创新创业者放弃，从而走向创新创业的生命终点。成长中期寓意着创新创业过程的顺利实施，创新创业的成果快速成长。随着创新创业过程的进展（技术进步和经验积累），成本费用支出逐渐减少，效率、效益迅速扩大，创新创业成果已经凸显。创新创业的持续进展和成果快速增长以及创新创业经验的不断积累，会极大地激励创新创业者的热情，可能会导致创新创业范围不断扩张、领域不断扩大，引发成本费用的更大投入，但不够科学和谨慎的盲目投入，面对未来市场的不确定性，可能会给创新创业带来更大的风险，从而使创新创业走向衰退，步入创新创业快速成长的死亡陷阱。成长后期表现为随着创新创业过程的稳步进展，创新创业成果增长开始变缓，市场对创新创业成果的需求趋于稳定。进入这一过程，对于创新创业成果壁垒比较小，容易模仿进入的领域，由于竞争者的大量快速涌入，市场被竞争对手瓜分，可能会使创新创业成果效益急速减少，成本费用突出，从而使创新创业步入衰退。

4. 成熟期——创新创业的成功阶段

创新创业的成熟期：这一时期是创新创业的稳定收获过程，创新创业业务已经成熟，成本费用支出和成果效益相对稳定，并且体现出创新创业的丰厚回报。这一阶段创新创业各方面都取得了成功，应尽可能地延长这一生命历程，以获取更多的成果，但这一阶段的工作重点已从创新创业转变为经营守业和持续经营。由于丰厚报酬的诱惑，这一阶段极易引起竞争者的加入和更新更好业务的冲击，竞争及更新业务的出现，会使收益不断减少，创新创业将步入衰退阶段。

5. 衰退期——创新创业的再生或死亡阶段

创新创业的衰退期：激烈的竞争和更新替代业务的涌现，开始导致回报不断减少、成本费用不断增多，预示着这一轮创新创业的衰退，同时呼唤着新一轮创新创业的再生，如果不进行再次创新创业，最终必将走向死亡。

需要注意的是创新创业过程的极大不确定性，有可能导致创新创业在任何一个生命阶段的颓败退出，从而终止创新创业过程。

（二）创新创业过程的风险管理

创新创业过程是一个面向未来、面向未知的过程，从创新创业生命阶段的分析可以看出，创新创业过程具有极大的不确定性，每一个生命阶段都有可能终止或退出。统计数据显示，我国大学毕业生创业的成功率比较低，应届大学毕业生创业比例不足2%。由于资金少，缺乏管理经验，三年后失败率更是高达50%以上。要使创新创业进程顺利持续成长，在每一个阶段都可能需要进行调整和科学地面对失败。风险贯穿于创新创业的全过程，存在于创新创业的始终，所以必须针对创新创业生命过程不同阶段的特点，要求创新创业者要具有面对未来风险的意识和应对准备，要对创新创业过程进行必要的风险评估、风险识别、风险选择和风险应对，即要具备一定风险管理的知识和能力，正确面对未来、面对失败。这除了有利于提高创新创业的成功率，降低各种风险外，更重要的是给未来创新创业者更大的鼓励和信心，使他们能够清晰地认识到创新创业绝不是一条"非活即死"的赌博之路，这一过程可以学习积累很多管理知识和经验，可以调整顺畅退出、重新开始或转移就业，从而使更多的有识之士加入创新创业的队伍。

二、高职学生创新创业教育现状调查与分析

在"大众创业、万众创新"的社会背景下，各地高职院校都在倡导大学生创新创

业教育。通过多种调查方式，了解到武汉和长沙某几所高职学院大学生对创新创业教育的认识和当前创新创业教育的现状，由点及面，找出当前大学生创业教育存在的问题，并对此提出了相应的建议。

（一）调查背景

在国家政策的号召下，目前我国大部分高职院校都已经十分重视并开始开展大学生创业教育。但从实际效果来看，大部分高职院校的创业教育还处于刚刚起步状态，在课程教学体系，实践模式等各个方面都需要不断地完善与补充，因此，调查和讨论高职院校创业教育过程中出现的问题与不足，为以后的高职院校创业教育推行有着一定的意义。本次问卷调查共有20个小题，内容主要包括：大学生对创业教育的认识与看法；大学生创业存在哪些困难；大学生对所在高职院校创业教育工作推行是否了解；高职院校创业教育需要哪些改进措施。

本次问卷调查在2018年4月下旬到2018年6月初在武汉和长沙的几所高职学院中开展，以1 500学生为调查对象，分布在大学一年级到四年级，本次调查是通过互联网的方式，在"问卷星"网实施。

（二）结果与分析

1. 学生对创业的兴趣

在对创业教育的认识与看法上，高职学生对创业的理解趋向广泛，大部分的学生不再把创业看作仅仅是开办公司，而是认为只要在自己的专业做出一定的成绩，能够有所成就也是创业；对于创业需要具备素质的理解，也是比较全面的，更多的人认为出色的沟通与交际能力以及对市场的认识水平，是创业所需具备素质中最重要的特征。

对于自己所学专业的创业前景，66%的同学都持有乐观态度。对于学生创业所可能遇到的困境或障碍，大部分学生认为主要缺少经验和社会关系，资金不足或没有方向也是障碍之一。

而对已有的创业知识和技能，68%的同学都认为不能够满足创业需要。

在创业心理上，90%的同学都认为在一次创业失败以后，并不会直言放弃，而是等待时机，积累经验，准备东山再起。这说明，高职学生的创业心态，还是比较成熟的，也说明他们能够预知创业的艰辛。这就要求学校应该将与学生创新和创业相关的资源整合到一起，还要注重专业知识的实践应用，为学生提供完善的创新创业教育平台。

2. 创业方向

在创业方向上，更多的同学选择自己感兴趣的领域和合伙创业，而与自身专业相结合的领域及自主创业也是较多同学的选择，令人意外的是当今热门的行业如网络和软件开发等，选择的同学仅仅是极少数，这表明大部分同学对于创业的热情态度，并不是一时兴起、毫无理智的。关于目前高职院校为在校学生进行创业指导和创业教育普及程度的调查，50%以上的学生表示知道学校有创业指导中心或孵化基地，但是也有37%的学生选择了不清楚。这个数据表明，尽管许多高职院校在创业教育方面，已经做出了大量工作，比如开设了创业教育相关课程、进行了创业基础培训，也设有创业教育实训基地，但它的宣传力度、普及与覆盖程度都有明显的形式主义，并没有真正让在校大学生了解它们的存在与作用，这是高职院校创业教育失败的地方，也说明我国高职院校创业教育运行机制、管理体制等工作上还存在着严重差距与不足。关于具体创业课程设置问题，分别有 80%的同学表示更希望以项目实践、创业案例分析与模拟作为创业指导课程的教学内容而不是填鸭式"纯理论"的教学模式，这也表明，大学生对创业课程的需求是迫切而且成熟的，他们更希望得到实际的创业操作与演练，更从容地走出校园，走向社会。

3. 师资力量方面

在师资方面，他们希望有经验的创业者亲自为他们授课，课程知识体系上，他们希望教师能够传授更多实用性强的，与自己专业方向相关的创业知识，教学形式上他们希望可以亲身体验与参与，进行模拟分析，或举行一些实际创业案例相关主题的讲座。对于目前所在高职院校的创业教育开展的调查与分析，存在的问题有：缺乏完善的创业教育体系和教学课程；重视程度不够，没有列为教学重点；缺乏广泛性，学生参与门槛过高；消息不通畅，与外界社会缺乏接触，等等。而对于政府和学校出台的扶持和鼓励大学生自主创业的相关政策，一半以上的同学都是不太主动了解，仅仅是道听途说，一知半解。当然，政府的政策支持、宣传鼓励，学校提供给高职学生的各种创新创业鼓励与支持的基金或奖励，专业化管理的创业孵化基地或相关服务机构提供的服务，是学生们较为欢迎与期望的形式。

（三）讨论与总结

除问卷调查以外，本次课题的调查研究还运用观察、访谈、个案研究及测验等科学方法，以在校学生与成功创业的毕业学生为调查对象，深入剖析在校大学生在基层创业的意愿、存在的问题及出现这些问题的原因，从而总结问题如下。

第一，高职学生对创业的理解有些单薄，仍然停留在一些美妙想法与概念上。学生提交的大部分创业计划书中，许多人试图用一个自认为很新颖有潜力的创意来吸引评委和投资者，其实是闭门造车，缺少市场调查与周密计划。现在的投资人看重的是你的创业计划真正有多少技术含量，是否不可复制，以及市场赢利的潜力有多大。因此，你必须有一整套周密细致的可行性论证报告与项目实施计划，绝不可能仅凭一个单薄的主意就能让投资者为你买单。

第二，学生创业过程中，往往存在急于求成、缺少市场规划与营销手段，没有商业管理经验等问题，会导致创业失败。虽然在学习过程中，积累了一定的专业知识，但必要的实践能力及经营管理经验的缺乏是创业的致命伤。另外，大学生平时没有什么管理经验，面对一个团队，很难一下胜任管理者的角色。

第三，创业心理素质不够强大，盲目自信，一旦创业失败，就感觉难以接受。创业过程艰辛曲折，学生在创业过程中自然会遭受到许多挫折和失败的打击，多数学生会因此感到十分茫然，一蹶不振。殊不知，成功的背后隐藏着更多的失败。通过失败的经验教训积累，重新爬起奋斗，追求成功，绝不畏惧失败，是每一个有志于创业的大学生应该具备的创业心理素质。

第四，大学生在创业过程中缺少市场观念。不少大学生在向投资人介绍自己的技术如何领先独特的同时，却很少涉及他们的技术或产品到底会有多大的市场空间，有没有前期的营销手段。即使问到市场的话题，他们也多半只会回答，花钱做做广告，跑跑业务之类的，而对于目标市场定位、营销手段等重要方面，则全然没有规划和描述。其实，真正能吸引投资者感兴趣的并不一定是那些技术先进的产品或服务，主要看是否能切中市场需求并有对应的营销策略，这样才能得到投资人的青睐。

通过此次调查与研究可以发现，创业教育必须贯穿于高职三年教育的全过程，其中教学方法、教学内容、实践模式都是创业教育改革的重点内容。教学方法上采用项目式和启发式教学，培养学生的创新性、发散性思维；在课程建设和教学内容上，应拓宽学生创业知识结构体系；加强教学实践，包括课程实践、社会实践等工作，创建设计型、综合型、开放型的实验基地，努力培养学生的创业实践能力，因为具备较强的实践动手能力，是高职学生创新创业能力培养必备的基本素质。此外，高职学生选择的创业项目，尽量选择专业相关的行业进行，因为可以依靠自己的专业知识优势，发挥自己的专业特长。当然，科技创新成果必须是理论与实践的结合。只有通过各种创业实践活动，才能巩固大学生所学的专业理论知识，而且也借此锻炼了他们运用专业知识解决实际问题的能力、社会交际能力和创新创业能力。对此，需要高职院校投入更多师资力量与资金为大学生的创业教育提供服务。

三、我国高职学生创新创业活动发展的现状

大部分高职院校鲜有学校组织的涉及创业教育领域的教学或者实践活动，大部分以社团形式表现，但这些教学和实践活动大都呈现松散性特点，即非官方，是由学生或者个别教学人员自发组织化并不是由学校专口开设的课程或者开展的活动。当然，

这在一定程度上表现出高职院校人员对于创业教育教学和实践活动的需求及要求，也表现出创业教育对于高职院校的重要程度。但从另一方面看，这些松散的创业教育教学、实践活动并不能普及全体学生，就导致了大多数学生不能享受到创业教育的实惠。经过十年左右的发展，我国高职院校教育水平在理论和实践领域都所突破。但由于传统观念、发展战略等多种因素，我国高职院校的创业教育体系始终没有建立起来，而其对高职学生的创业活动的影响也直接关系到我国大学生总体的创业活动。有数据显示，"当前美国大学毕业生进行自主创业的约为 25%，德国约为 16%，日本有 18%左右，而中国只有 2%左右。其中，高职院校学生创业成功者少之又少。"这让我们在看到数据差距如此之大的同时也在考虑出现这种情况的原因，而创业教育的集中性和普及性是问题的一个关键因素。欧美发达国家和日本基本上有比较完整的创业教育课程和配套实践教学活动，使学生在校期间就形成了创业思维，培育了创业精神，并且大胆进行创业尝试，而中国的学生在校期间，特别是高职学校几乎很少甚至没有给予机会进行系统性的创业教育，仅有的也可能只是学生与老师自发的、松散的创业类型活动并且多是上课或介绍著名企业家，没有涉及实践层面，这就使得中国的创业教育先天畸形，出现断层式缺失。

高职院校的创业教育教师团队力量较为薄弱，其中，大部分院校的职业生涯规划课程都由其辅导员兼职代课，并没有专口的创业教育导师，更不用说教师团队。创业教育作为教育的一种，肩负的一定的职责，就是培育学生的综合创业素质，而教师作为教育中的关键一环，起着引导和指导作用，一个好的教师给学生带来的不仅仅是鼓励和知识技能的传授，更多的是学生创业想法的迸发后，教师给予的操作指导。本科院校中，基本都有属于自己的创业教育导师团队，如中南财经政法大学的创业学院，在学校内发掘和培养有较高创业素质的教师，在外邀请成功企业家组成力量强大的创业教育教师团队，并且积极和湖北省青年创业就业促进中心合作，利用其丰富的创业导师资源。

四、高职学院创新创业教育现状中存在的问题

我国高职院校创业教育存在的问题主要体现在以下几个方面。

（一）创新创业教育的普及度不高

有些高职院校比较重视少数人的创新创业活动，如部分有创新创业基础或者获得市级、省级以上创业奖项的标杆式任务，但却忽视多数学生的创新创业教育。通过调查和访谈及文献的梳理等途径了解到，本应是普遍性的创新创业教育课程，在一些高

职院校却成了对个别或少数人的教育。学校重视对少数创业榜样进行各层面的创业教育辅导，却忽略了对总体学生的创业教育。为了培养特例典型以提高学校知名度，部分高职院校举办的创新创业活动只容纳少量学生参与、没有形成普及态势、私立目的较强，这不利于每个学生创新创业素质和能力的提高。

（二）对学生的创新创业意识培养不足

俗话说得好，"工欲善其事，必先利其器"，在处理问题时，思想意识是一马当先的武器，若对问题有着足够的认识，对态势发展有着清晰的思考，那么思想意识将成为事半功倍的坚实铺垫。而高职院校在这方面没有本科院校做得细致，创业教育对与学生的创业和就业能力培养力度远远不够。不少高职学院所开设了实践实训基地，但使用率不高，学校对于学生团队自己做的创业项目基本没有什么实际支持，甚至有学校禁止学生之间买卖商品。再加上课堂上创业教育相关知识技能的讲解只是蜻蜓点水，使得许多高职院校的职业生涯规划和创业教育形同虚设。创新创业教育，并不是学校官方的活动，而变成了学生自发性的，这说明了学生的需求和学校创业教育已成为了一种矛盾。高职院校的特点是专业性和实用性较强，而调查中显示，高职学校却往往忽略了学生的技能实际培训。学校开展的一些创业类型活动中，多以职业规划大赛、创新创业项目计划大赛为主，并没有使得学生的实际创业技能得到进步和提高。

（三）对学生的创业思维构建缺失

高职院校的职业生涯规划相关课程基本只停留在对学生的心理鼓励阶段，大部分学校是通过列举名人逸事或过往毕业生创业、就业的成功案例，或者观看某些书籍和视频来对学生起到一定激励作用，让学生从当下开始要有思考和准备来规划未来的发展道路。但这种案例鼓励激励作用比较单一，没有配套的其他措施加以巩固，因此很多学生存在"三分钟热度"现象，并没有真正开展职业规划，缺少众多创业品质和知识体系，更谈不上如何去构建创业思维。创业思维是创业教育中的一项重要内容，就目前看来，高职院校对于学生创业思维构建的培养仍然有着很大的进步空间。

（四）对学生的创业技能培训不到位

1. 师资力量较为薄弱，队伍整体素质不高

多数高职院校对创业教育重视度不高，从而使得学校的创业教育师资力量较为薄弱，主要表现在两个方面：第一，学校的创业教育教师数量不多，有开设创业教育课程的高职院校基本上是一个或两个老师负责多个学院、专业的创业教育教学任务；第二，学校的创业教育教师质量不高，相关的巧程多由辅导员、也有辅导老师、思修教

育老师等兼职代课。

目前高职创业指导教师极度僵化，由于创业的特殊性，有的高职学校会隔一段时间请校外创业导师来给学生进行指导，但时间有限，间隔也很长，这对于学生创业能力及品质培养效果有限。另外，对于校外创业导师的教学管理工作也很不完善。因此，还是应该依靠校内教师的力量。但校内教师大多从事教育教学或者学务管理工作，与学生一样少有创业实际操作，缺乏相应的创业素质，难以解决学生创业中实际存在的问题。

2. 课程体系不够完善，教学方法单一

创新创业教育作为一门综合性较强的课程，需要通过多方面的学习和培训来达到培养学生综合创业素质和能力，以便能够适应纷繁复杂的社会问题，即使学生将来不走上创业的道路，也可以通过创业教育的培训和熏陶，提高自己沟通、技能等各方面的素质来更好地适应工作岗位的挑战。创业教育作为一门综合学科，集金融学、经济学、教育学、管理学等多种学科为一体，其广泛性可以涉及方方面面，这就使得它的课程设置有较大难度。高职院校的创业教育较普通本科院校起步要晚，也没有形成完整的创业教育课程体系，其对学生教授的创业教育内容和课程很不完整，大部分高职院校也没有就学生的专业技能给出针对性的创业教学计划，这就使得创业教育不能很好地发挥其应有的作用。

（五）创新创业教育的引导和支持力度不足

高职院校虽然开设了实践实训基地，并且使用率不高，学校对于学生团队自己做的创业项目基本没有什么实际支持。多数高职院校对创业教育投入的资金不足，专业实习基地的建设相对薄弱，教学实习环节基本上属于"放羊式"的分散模式，或者采用走马观花式的参观活动，不能有效地组织学生参加创业实践活动，减少了学生对创业过程深入了解的机会。加上目前很多高职院校教学方式仍停留于"填鸭式""讲授式"和"接受式"阶段，设计的案例讨论环节也大多是纸上谈兵，教师牵着学生走，一切答案都是标准的，大大抑制了学生"探索求新"的兴趣与热情。再加上课堂上创业教育相关知识技能的讲解只是蜻蜓点水，使得许多高职院校的职业生涯规划和创业教育形同虚设。

五、影响高职院校创新创业教育的因素分析

高职学院的创业教育在理念、课程体系、师资队伍、政策氛围等方面都存在一些问题，一线教职员工所反映的问题也说明了学校在创业教育上的弱点。因此，为了让

创业教育顺利进行，就必须研究问题、分析原因，为制定对策寻找依据。

（一）传统家庭教育的影响

受到传统思想的影响，多数家长都希望孩子好好学习，将来考上重点大学，毕业后能考上公务员，最差也要找个高薪且收入稳定的清闲工作才算成功。所以延续几十年的考公务员热始终不见降温，家长们宁可让孩子连续多年重修复读也不愿意进入高职学院，更谈不上高职学院毕业学子去自主创业了。这种传统的成才观念从小就影响着学生们，使他们大多数都选择安于现状，不愿打破现有的平静。

在调查中有超过一半的大学生认为"亲人的反对"是创业所面临的主要困难之一。这是因为大部分家长对孩子大学毕业后直接自主创业没有较高的期望值，况且对于很大一部分家庭特别是农村家庭或城镇低薪家庭来说，供孩子读完大学已属不易，若还要投入一笔有较大风险的资金来支持他们自主创业，那实在是艰难的选择，所以他们不鼓励、不支持大学生毕业后自主创业。同时，社会上也有一些人对在校学生创业转消极看法，认为在校学生创业就是不务正业，会影响学业，从而给大学生造成一定的社会舆论压力。

在很长的一段时间内，国家统一为大中专院校毕业生分配工作单位，长期受这一分配制度的影响，许多家长已形成惯性思维，认为上学就是为了就业，并不认同孩子毕业后直接创业。认为创业是实在孩子找不到工作才做出的无奈之举，同时，创业具有一定的风险，求稳怕变的心态促使家长们把心思花在如何让孩子找工作、如何找一份体面的工作上，既不鼓励也不支持大学生创业。有些家长选择让孩子上高职学院，就是看重了高职学院人才培养的目标是培养高端技能型人才，培养出的学生工作岗位针对性强的优势，利于在就业市场上寻找一席之地。这种保守的、传统的就业观念制约着创业教育的发展步伐。社会对大学生创业也存在偏差和误解，有些人认为在校大学生创业会荒废学业，学生在校期间，就该好好学习专业基础知识，掌握过硬的职业技能。而对于学校开展的创业教育认为是在"误人子弟"。

（二）传统学校教育的影响

在我国的教育模式中，传统的应试教育截至目前仍然处于主要地位，理论化的教学方法、理想化的教学思想，最严重的是许多教学内容与当今社会经济发展已经脱节。在传统的教育模式下，只注重理论学习，缺乏实践能力的培养，阻碍了学生创新性的培养。

高职学院的创业教育也依然延续着这种传统落后的教育模式，学生所学到的只是授课教师照本宣科的理论，感受不到创业的真谛，这必将成为在培养学生创业精神过程中的绊脚石。同时，多数高职学院在创业教育方面没有引起足够的重视，依然守着"签一个算一个"的老观念不放，认为学生只要学会了专业技术，将来能签约到一个单位，提高学校的就业率就足够了，是否有学生创业成功或是否有学生创业，这些都与学校无关。这种教育、教学的观念，严重地限制了学生的创新意识和创业能力的发展。

（三）高职学生自我认知的影响

创业指的就是高质量的就业。相对于就业来说，创业更加困难，高职大学生年轻有活力、充满激情、敢于拼搏、勇于冒险，具有较为丰富的专业理论认知，这是他们创业的优势。但也有很多壁垒：第一，知识构架较为单一，认知面狭窄；第二，缺少创业经验及社会经验，考虑问题常常简单化、理想化，在项目选取、规划设计、市场经营、财务管理、与工商税务部门的沟通协调等方面存在困难；第三，心理承受能力比较弱，经受不住挫折和失败，特别是欠缺对可能发生的风险及挫折的应对措施，致使功亏一篑的较多。

高职学院大学生创业者初出茅庐，涉世未深，对市场和社会的认知存在偏差，对市场的调研深度尚浅，从而导致产出的产品或者提供的服务不能符合市场的实际需求，对创业教育也存在认知偏差的问题。调查显示，有少部分的大学生认为从事创业活动最主要的目的是"盈利"，这说明还有一部分同学将创业的目的简单等同于挣钱。还有20.36%的同学认为创业就是创办公司，甚至误把勤工俭学归于创业。在调查中相当多学生认为如果自己创业，最缺的就是社会关系与资金，似乎觉得有了社会关系与资金就能创业，忽视了高职学院的能力培训与技术服务在大学生创业中的重要地位。学校从总体上缺乏浓厚的创业教育氛围，很多学生认为创业教育是针对少部分学业成绩优秀、社会实践能力很强的精英学生开展的培训，自己作为一个普通学生是难以涉足的。事实上，高职学院创业教育的目的就是对成绩优秀、社会实践能力很强的精英学生开展的培训，自己作为一个普通学生是难以涉足的。

第二节　高职学院创业文化培育的现状

一、高职学院创业文化培育的现状概述

虽然创业教育进入我国已经有十几年的时间，政府与社会各界对大学生创业教育

也十分重视和关注，但是创业教育在我国的发展程度仍然只能算是初级萌芽阶段。长久以来，我们都是把创业教育的相关理论知识作为主要研究对象，没有理解创业教育真正的含义，对创业教育认识的高度不够，没有将其和培养学生的综合素质联系起来。在缺少政府具有导向性指导的前提下，创业教育在高职学院开展得有些盲目，主要体现在：非专职、非专业的师资队伍导致了创业实践活动往往要依托学生工作部门的协调才能得以实现；过于落后陈旧的教育模式、教学方法及教学内容；对创业实践环节的重视程度不够，高职学生缺乏与社会的联系，政府对学生创业教育的资金投入不足。在美、日、英等教育发达国家，大学生创业教育的普及程度在80%以上，而且很早就纳入了全民教育体系。由此看来，我国的创业教育形势仍然是十分严峻的。

（一）对创业教育重要性的认识存在偏差，重视程度不够

改革开放以来，计划经济逐步被市场经济取代，时代的"主旋律"已经转变为知识经济。知识经济时代，社会对劳动力的文化水平、专业知识、职业技能、各方面的综合能力都提出了新的要求。高职学院要生存与发展就必须顺应社会的发展趋势，培养出既具备过硬专业素质又具有创业意识与创业能力的复合型人才，只有这样高等职业教育的价值与宗旨才能得到更好的体现，高职教育才能不断地与时俱进。但是由于受传统就业教育的影响，目前高职学院对创业教育的认识不足，重视程度不高。

往往高职学院在学校层面对学生的就业指导工作非常重视，把就业作为"一把手"工程，提出"以就业为导向"的办学理念。但是对学生的创业教育不够重视，还未能真正理解创业教育的内涵和实质，仅仅把创业教育作为大学生励志教育或就业指导的一部分，仅仅只是停留在心理、政策、形势分析等方面的指导。用于创业教育的投入明显不足：缺乏专门的创业教育经费，没有把创业教育列入学校人才培养方案和人才培养体系，开展创业教育的形式单一、层次狭窄，主要是通过开设创业讲座、组织各种类型的创业设计大赛、参观企业、举办有关创业教育的演讲比赛或征文比赛等。受传统就业教育观念和追求高就业率的影响，许多高等职业院校的领导和教师重就业、轻创业，认为只要培养学生掌握专业技能就达到了教育的目的和要求，并未将创业教育摆在一个重要的位置来认识。同时，在学校重视就业的氛围的熏陶下，高职学院的学生有着极强的就业愿望，认为只要掌握过硬的专业基础知识和职业技能就能找到合适的工作岗位，忽略了在市场经济下要适应市场的需求、社会的需求，创业往往成了找不到工作的无奈之举。这种只为谋生考虑的思想已成为制约我国创业教育发展、干扰高职学院学生选择自主创业的重要原因。

（二）课程体系方面的问题

1. 缺乏课程体系

在创业教育体系中，课程结构体系是核心。要实现创业教育的良性发展，必须深化传统课程体系改革，建立健全的创业教育体系。创业教育是要通过构建科学、系统的课程体系，发挥教育的渗透功能，潜移默化地从整体上提高学生的创业素质和创业能力，使之具备生存发展和创业的能力。当前高职创业教育课程体系存在的问题主要集中在以下三个方面：一是缺乏统一编制的高职创业教育教学大纲、教学计划和课程体系；二是虽然创业教育课程得到了建设，但也仅仅局限于照本宣科，忽视了创业教育的实践性；三是还没有对高职创业教育的教育目的和内容做出明确规范的界定。

2. 缺乏系统的理论体系

只有系统的创业教育理论体系才能使学生了解和掌握创业所必须具备的基本知识和必要能力。在高职教育长期的发展过程中，高职学院的专业课已经形成了一套较为完整的体系，虽然该体系中蕴含着丰富的创业教育内容，但创业教育还未发展形成一个统一的、系统的理论体系。许多高职学院开展创业教育的随意性很大，往往都是凭借传授专业课经验或自己的主观意愿对学生进行创业教育。因此，是否具备完整的创业教育的理论体系是能否成功进行创业教育的前提。

3. 缺乏完善的评价体系

大学生创业教育评价是对大学生创业教育活动的价值评判活动，评价客体是大学生创业教育活动，评价的主体则是大学生创业教育活动的评价者，创业教育评价体系包括学生、学校、投资者及政府有关部门。但目前很多高职院校并没有开展创业教育评价，即使部分开展创业教育活动评价的高职院校也仅仅只是局限在学校范围内，缺乏社会、企业和政府的多方参与，而且还缺乏衡量和检验创业教育是否成功的标准，或者只是单纯地套用传统课程的考试评价标准。

（三）师资队伍方面的问题

师资力量是办学质量高低的重要保障，师资队伍的综合素质及能力的高低直接决定着教育工作开展的水平。目前，高职学院创业教育的师资队伍普遍存在一些问题，主要体现在教师业务能力低、缺少专业师资力量、对师资队伍管理的不规范等方面。目前，大多数高职学院没有专门设置创业教育教研室，而是将创业教育与就业指导融为一体，创业教育师资应由创业教研室管理，而非隶属于就业部门。

由于大学生创业教育一直得不到应有的重视，所以就没有多少人愿意转行，许多老师也不是真正从事创业教育出身的，只是根据个人爱好主动或者被形势发展所逼"半路出家"，改行从事创业教育。很多教师还是采取"传习式"的教学方法，培养单学科"知识型"人才，认为学生只要学习好，能够顺利毕业就是好学生，并不提倡学生从事自主创业。究其原因，一是老师缺乏创业意识、创业精神、创业知识、创业能力；二是害怕承担责任，因此，培养专业的创业教育教师和对全体任课教师进行创业教育、培训是创业教育能否有效实施的关键因素；三是有限的师资中极少有人有创业实践。进行创业教育光有空洞的理论而没有具体的实践是不够的。从事创业教育的老师除了应该具有丰富的理论知识外，还应该具备一定的创业实践经验。创业不是纸上谈兵，更不是空谈，创业教育也不能只有理论而无实践。但是由于种种条件的限制，让每个进行创业教育的老师都有实践经验也只能是可望而不可即的事情。

（四）高职学院管理者的认知偏差

高职学院管理者在创业教育方面存在认知偏差。他们认为创业教育仅仅是就业指导的一个组成部分，通过对形势与政策的分析、对技巧的讲解就能完成任务；部分受访学校领导认为在就业率高的情况下没有必要开展创业教育，若有学生实在不好就业了再去创业；还有部分教师认为创业就是做小商小贩，沾染了铜臭味而迷失了教育的本质意义。从创业教育的范围而言，创业教育的开展经常以创业大赛为发起点，参赛者与获奖者更多的是体现了精英化色彩，关注的只是少部分学生的骄人成绩，而大部分学生只是旁观的"观众"，不能很好地体现创业教育所应有的功能，失去了创业教育的核心价值。

1. 教育管理模式的问题

高职学院对创业教育管理模式的看法还不是很集中，没有形成一套切实可行的管理模式。很多高职学院管理者创业教育理念严重缺失，在创业教育实施的部门安排上，多由团委或学工处负责，因为这两个部门主要负责学生工作，比较好组织学生活动。实际上，创业教育应该作为高职学院一门全院公共必修课程来开展，以教学管理部门为主要领导力量，而学生管理部门作为辅助力量参与进来。进一步调查还发现，高职学院的创业教育组织没有纳入学校常规教学管理环节，这种缺乏系统性、组织性的创业教育很难取得理想的效果。因此，高职学院应结合自身实际情况，经过详细充分的调查论证，制定课程体系，完善组织管理模式，真正抓好创业教育落实。

2. 服务体系的问题

高职学院的创业教育由于各种因素的限制使其实践服务体系还存在许多问题，在产学研的结合上面还有待深入，主要表现在缺乏与社会的联动以及理论与实践的脱节。通过调查发现，创业教育实践课程是大学生创业最重视的，他们希望学校能够建立创业实践基地，给他们较多的实践机会。相对于理论灌输，让学生在实践中提高创业意识和创业能力更加有效。因此，高职学院应该成为一个整合社会各层次资源进行创业教育的大平台，通过"产学研"合作加强与社会联动，共建创业实践基地，共享教学资源，为学生在校期间的创业训练与走入社会后的实际创业建立通畅渠道。高职学院创业教育的服务体系不完善必定导致学生创业实践的事倍功半，所以应该大大加强高职学院创业教育的服务体系。

（五）缺乏良好的校园创业氛围

校园文化与社会文化是高职学院所处的两个主要环境。校园文化对学生有导向和陶冶的功能，塑造良好的校园文化能够提升学生的品质和精神状态，而沉闷、死板的校园文化则使人萎靡不振。将创业教育融入校园文化建设之中，能有效激发学生的创业意识并提高学生参与的积极性，然而在调查走访过程中，发现高职学院尚未形成完善、浓郁的创业文化氛围，学校管理者在大学生活动中，不敢鼓励他们勇于创新和大胆实践，而部分教师也由于缺乏创新、创业思维，不会有意识地鼓励和正确引导大学生进行创业实践。学校的激励导向、培养目标与评价体系都未能向创业素质培养倾斜，在学校里很难感受到积极向上、勇于探索的创新、创业气氛，学校的宣传环境与舆论重点只是制造"两耳不闻窗外事，一心只读圣贤书"的"好"学生形象。将本应朝气蓬勃、充满激情的大学生群体进行过度约束，使其置身于静态、封闭、循规蹈矩式的"弱势文化"氛围中，必将淹没他们的激情与士气。

（六）物质资源投入不够

在缺少专职创业教育教师的同时，创业教育物资上的投入不足也难以保障其在高职学院中的顺利开展。出于办学成本或校领导重视程度等原因，有些高职学院没有开设创业教育课，在创业教育方面根本就是空白。大多数高职学院的创业教育不是单独的课程体系，而是将创业课程融入就业指导课程中，相关的课时很少，涉及的内容有限，无法使学生对创业引起重视。在调查中发现，多数高职学院缺少相关的管理机制，包括课程安排、创业培训、创业教育教师的人力资源管理、资金支持、制度建设等。

创业教育的实训基地建设还不愿做太大投资甚至不愿意投资，大部分企业愿意提供专业实训机会，但是极少有企业愿意提供创业教育的实习机会。与这种现象相对应，学生可以在企业中学习实践专业课理论知识，而企业管理经营的经验却无从获得。

（七）创新创业教育外部环境存在的问题

创新创业教育是政府、社会和学校的共同行为，它的实施是一项系统工程。然而当前高职学院的学校、政府、社会三位一体立体式的创业教育体系尚未建构起来，高职院校创新创业教育缺乏优良的外部环境。目前，从宏观层面上看，我国的创业教育外部环境不容乐观。尽管近几年来经济发达地区如北京、上海、广东等地区创业氛围较浓厚，创新创业认同度有较大提高，但从全国总体来讲，由于中国几千年来形成的"重农抑商"及"墨守成规"的传统，给大学毕业生在创业的社会舆论和人际环境上带来了消极影响，整个社会还未形成充分理解创业、鼓励冒险和允许失败的宽松氛围，再加上中国民众普遍对创业的经济拉动作用认识不足，因此，大学生创业的思想与传统思想的冲突在所难免。在投融资制度、人事制度与企业管理制度上也少有对大学生创业在政策上的扶持，还未形成一整套支持大学生创业的政策和法规体系，即外部条件不是非常充分。

创新创业教育的外部环境制约着创新创业教育的发展，创新创业教育的发展离不开良好的外部环境。创新创业教育的外部环境主要包括政府扶持、资金帮扶、社会力量的参与，这些都是创新创业教育能否顺利实施必不可少的环节。

1. 政府缺乏保障力度

政府、高职院校、社会对大学生的创业扶持政策、优惠措施贯彻与实施不力未能实际帮助和解决大学生在创业实践中遇到的种种问题。大学生创业实践经验贫乏，法律、金融与企业运营知识欠缺，一旦投入实际的创业商业实战中，遇到此类问题往往会措手不及，无法应对。

近些年，尽管政府不断出台了很多小额信贷、就业扶持、社会保障等加快就业创业的政策，但从总体上看，这些政策不太完整、可实施性不高，特别是部分政策总的建议出来了，但缺乏具体的操作方法及细则，导致相关部门之间彼此推诿、责任不明。

2. 创新创业教育缺乏良好的舆论环境

社会创新创业环境和公众舆论也是影响创业教育实施的重要因素之一。创新创业教育作为一项系统工程，需要学校、政府和社会的共同协作，形成鼓励创业、创业便利、有政策法规保障支持的社会创业环境。2018年3月，教育部办公厅发布了《关于做好 2018 年深化创新创业教育改革示范高校建设工作的通知》，坚持强化关键领域、优化资源配置、凸显示范引领，以深化课程、师资等重点领域改革为主线，深入推进创新创业教育与专业教育、思想政治教育、职业道德教育紧密结合，深层次融入人才培养全过程。全力打造一批创新创业教育优质课程、开展一批高质量创新创业教育师资培训、发掘一批"青年红色筑梦之旅"优秀团队，带动全国高校创新创业教育工作取得新成效、开拓新格局、开创新未来，着力构建中国特色、世界水平的创新创业教育体系。总的来说，目前政府大力支持、鼓励大学生创业，但整个社会对创业的认识有限，全社会范围的创业氛围还没有形成。从社会层面上看，认真学习，掌握一门技术，再找份稳定的工作才是"正途"；而尝试创业、做老板往往被视为"不务正业"。同时，创业需要公众舆论支持。新闻单位对于大学生尤其是高职学院学生开展创业活动的宣传报道还较为匮乏。

二、高职学院创业文化培育现状中存在的问题

深入分析高职学院创业文化培育过程中存在的诸多问题，其产生的根源，可以归纳为以下四个主要的方面。

（一）学校对创业文化价值取向的偏离

对于高职学院而言，只有全体师生员工都充分认识到创业文化本身的价值取向、创业文化培育对学校长远发展的意义后，才能在创业文化培育中形成合力。但在实践中，一些学校由于缺乏对创业文化培育重要性的充分认识，没有全面把握创业文化培育的内涵，也就难以把握、坚守创业文化培育的价值取向，难以形成创业文化培育的合力。

（二）创业文化缺乏与其他文化的融合

任何校园文化都不是单一的文化，而是多种文化相互融合的结果，高职校园文化的培育，同样需要融多种文化于一体。高职创业文化的培育，如果脱离了区域经济和区域文化，就难以获得系统性发展，难以实现与区域文化的和谐共生、共荣发展。在高职学院创业文化培育过程中，如果缺乏与其他文化的融合，其创业文化的培育就会缺乏实效性，也就难以形成创业文化培育的有效模式。

（三）传统观念对创业文化培育的影响

高职学院缺乏对学生的创业引导，是高职学生缺乏创业积极性的重要原因之一。另外，中国传统观念也是影响高职创业文化培育的重要原因：作为一个封建历史悠久的国家，为笼络人心、吸揽人才，我国历代封建王朝都特别重视、推崇儒家文化。作为封建儒家文化的核心，"学而优则仕"的观念影响深远，"读书为官"成为历代读书人追求的理想目标，在国人心目中根深蒂固。这种"求稳惧变、安于现状"的思维模式，在某种程度上是与"冒险"的"创业文化"相对立的。

（四）创业文化教育自身缺陷的影响

从高职学院创业文化教育本身的缺陷来讲，存在三方面的问题：一是高职学院创业课程体系不健全。很多高职学院虽然开设了创业课程，但大都以"选修课"或"讲座"形式开设；二是实施创业教育的教师水平亟待提高，一些高职学院开设创业课程后，授课教师一般由专业课教师兼任，这些专业课教师本身所掌握的创业知识、心理

知识有限，多数教师本身也没有实际创业经历；三是高职学院在实施创业教育时，大都以理论授课为主，很少进行创业教育的实习实训，更没有组织具体的创业实践，创业教育也就无法达到预期的效果。

三、高职学院创新创业文化培育状中存在问题的原因分析

根据高职学院创新创业文化培育问题的成因，强化高职院校创新创业文化的培育，应重点从以下四个方面入手。

（一）明确创新创业文化培育的价值取向

首先，要解决高职学院管理者的思想观念问题，实现思想观念和精神理念的创新，真正理解、把握创新创业文化的价值取向对高职学院发展的重要意义；其次，高职院校应积极推崇创新创业文化。一个社会创新创业意识和创新创业活力的强弱取决于社会的创新创业文化背景，特别是人们对自主创新创业价值的评价。面对经济全球化和知识经济主导地位的新时代，高职学院应尽快培育、繁荣符合职业属性的创新创业文化，使更多的学生形成致力于自主创新创业的人生观和价值观，这既是高职学院创新创业文化培育的目的，也是高职学院创新创业文化培育最有效、最直接的推动力量。

（二）培育多元文化融合的创新创业文化

高职学院在培育创新创业文化的过程中，要注重创新创业文化与技术文化、地域文化、企业文化的融化。第一，创新创业文化要注重与技术文化的融合：高职教师应该在技术文化背景下，为学生提供有价值的学习经验和创新创业机会，使创新创业文化与技术文化实现内涵融合，而不是简单的机械叠加；第二，创新创业文化要注重与地域文化的融合：高职院校创新创业文化的培育应根据自己所处区位特点来展开，创新创业文化的培育应以满足区域经济建设和社会发展人才结构需求为出发点，以更好地服务于地方经济建设和高职学院人才培养；第三，创新创业文化要注重与企业文化的融合：高职学院在创新创业文化培育过程中，应该充分利用各种机会，让学生在企业实习过程中体会企业理念和企业文化。

（三）加强高职创新创业课程文化建设

首先，加强创新创业课程建设是加强创新创业文化建设的重要体现，高职学院的课程设置应该随着时代发展而及时做出调整，要从教学组织和创新创业活动的安排、创新创业教育的资金支持等形成相应的规章制度，不断健全、完善学校创新创业教育

制度，努力形成有利于创新创业教育实施、创新创业课程文化培育的教育机制。其次，教师是创新创业课程文化建设的指导者和实施者，实施创新创业教育的教师应该从高职学生的实际出发，改变原有教育方式的不足，通过各种教育手段提高学生发现问题、分析问题和解决问题的能力。此外，教师应该指导学生理性分析市场和行业的发展趋势，教会学生如何根据创新创业计划开展创新创业策划，实施创新创业战略，以培养学生的创新创业精神、创新创业意志和创新创业能力。

（四）构建高职学院创新创业文化生态体系

主要做好三方面的工作：一是构建有利于创新创业文化发展的制度文化：高职学院要从制度设计层面，为学生创新创业提供更多机会，如允许创新创业学生在保留学籍的基础上先行创新创业、放宽学习年限限制、实施学分制等；二是构建高职学院创新创业支持体系：高职学院应该结合我国的实际情况，加快建立大学生创新创业支持和管理体系，包括创新创业课程、创新创业基金、创新创业指导、创新创业实践等，形成校园支持大学生创新创业的良好环境；三是构建有利于创新创业文化发展的行为文化：高职学院要全力为学生搭建创新创业平台，要在学校内成立创新创业园，吸引有志创新创业者加盟学校创新创业园区，为学生营造良好的创新创业环境。同时，还要通过不断的组织创新，积极发展孵化器和科技园，为学生创新创业创造各种可能条件。

第三节　高职学院学生对创新创业的认知与价值期望

由于高职院校扩招的原因，大量的大学生涌入人才市场，高职院校毕业生的就业压力空前严峻。2008 年美国经济危机的爆发，更使得大学生就业情况雪上加霜。但是，在选择就业的同时，也有一批怀揣理想、敢于挑战的年轻人走上了创新创业的道路。大学生创业的比例及现状不容乐观，学校是鼓励学生自主创业的，但目前学校自主创业的学生并不多，创新创业氛围并不浓厚，很多学生对自主创新创业没有全面的了解，大家没有创新创业的意识。

一、自我认知内涵及发展

（一）自我认知的内涵

很多心理学家曾对自我认知提出过不同的见解，虽没有公认的统一定义，但在某些方面达成了共识，即自我认知是在一定意义上对自己的深刻认识和理解，具体包括自我观察和自我评价两部分内容。这两部分包括个体对生理自我（如身高体重）、心理自我（如思维活动、个性特征）和社会自我（如人际关系）的认识，包括自我感觉、自我观察、自我观念、自我分析和自我评价等层次。无论是个体的成就行为还是心理健康，都有赖于人们对现实（自己的真实情况、客观环境）的准确感知。而自我认知是一个不断深化和升华的过程，个体能够认识到自己整个的身体和心理状况，并能够对自己的整个心理活动进行合理控制，而达到一种无我的境界，并能在这个状态中不断地超越自我。同时，在这个状态中，认识主体已经认识到自己的思想和记忆的关系，并认识到自己在认知中的地位。这个自我最后很可能在形式上被抛弃，可以在空间上纵观自己的整个心理状态和完全的自我运作模式，而不是整个自我都斡旋于思想和记忆的范围内。从认知自我、认识自我的性质和运作方式，到抛弃自我、达到无我，是一个不断超越的过程，这是现阶段自我认知的最高状态。

（二）自我认知的发展

从 1890 年威廉·詹姆斯把自我概念引入美国心理学，认知革命取代了行为主义而成为心理学的主导势力，自我在心理学领域也几经浮沉。1939 年哈特曼发表《自我心理学与适应问题》一文标志着自我心理学的成立。同时，美国心理学家詹姆斯（James，1891 年）与米德（Mead，1934 年）曾提出把自我分为主体我（I）和客体我（me），即把自我一方面看作主体来认识，另一方面看作活动的对象或内容来认识。"主体我"表示自己认识的自我，主动地体验世界的自我。"客体我"表示物质的自我，即自我的身体、生理等要素组成的血肉之躯。詹姆斯认为，三种"客体我"（物质我、社会我、心理我）都接受"主体我"的认识和评价，一般说来，两者大致相同时，自我表现为一定的心满意足；当两者发生矛盾时，自我表现为一定的欲望和追求。1998 年，包梅斯德在他的《社会心理学手册》一书中对自我问题进行了详尽地研究，提出个体对自己的认识以及在此基础上的评价随着个体发展和社会经验增长而逐渐建立起来。

二、高职学院大学生自我认知现状分析

（一）大学生自我认知普遍存在的问题

大学时期正处于人生的转折与过渡时期，面临着建立自我认同的核心发展任务。在这一时期其特点是个体自我意识和社会自我意识开始明显发生冲突，现实自我和理想自我出现一些矛盾；面临即将步入社会的焦虑、渴盼等心理倾向明显增加，理想自

我逐步向具体计划发展，自我意识由"高昂"向"现实"转化，但仍是理想自我占据主导地位。在大学生中有一段流传甚广的顺口溜："大一理想主义，大二浪漫主义，大三悲观主义，大四现实主义。"内容可能有点偏离实际，但较客观地描述了大学生在大学阶段"理想－冲突－面向客观现实"的心理发展过程及自我意识的调适过程。

在这一时期大学生在自我认知方面存在着概念模糊、评价偏高或偏低等问题。大学生正处在青年中期，是人的一生中心理变化最激烈、最明显的时期，心理发展不平衡、情绪不稳定使其面临一系列现实问题，心理矛盾冲突时有发生，容易发生自我认知失调。社会与认知心理学家利昂·菲斯汀格指出，一个人对自己的价值"是通过与他人的能力和条件的比较而实现的"。

（二）高职学院大学生自我认知所呈现新问题

高职学院求学的学生，由于社会、学校和自身等综合因素的作用，与本科院校大学生相比，在一定范围和一定程度上具有其特有的自我认知。因为高职学院学生作为大学生里的一个特殊群体，与普通的本科院校学生相比，在学习能力上，难免存在着学习主动性差、知识掌握能力薄弱等缺点，同时由于当前社会上存在着追求高学历等倾向，使高职学院大学生的自我认知呈现出新的问题。其主要表现在以下两个方面。

1. 基于自卑心理的过低自我认知

高职学院有部分学生存在过低的自我认知，原因是过多地自我否定而自惭形秽，使其形成了自卑心理的自我认知。高职高专学生这种自卑心理的严重存在，导致消极的自我认知，在这种认知水平下，学生容易丧失自信心、进取心，从而引发孤独心理、逆反心理、焦虑心理等，使他们在学习、工作和生活中会产生一种无形的心理负担，增强紧张感，从而限制自己智慧和能力的正常发挥，导致效率不高和效果不佳。这种基于自卑心理的过低自我认知造成高职学院学生本身的不自信或妄自菲薄，甚至有破罐子破摔的消极心理，使其在自我意识完善过程中，有时不能客观地认识和评价自我，出现自我认知偏差，甚至造成自我认知障碍。

2. 基于自以为是心理的过高自我认知

高职学院有部分学生存在着心理的过高的自我认知，形成与周围环境相脱节的堡垒式自我认知。这些学生认为人生的目标是"干一番轰轰烈烈的大事业"，并对实现这一目标的可能性毫不怀疑。还有相当一部分的高职高专学生一方面在现实世界表现出自卑心理；另一方面，在虚拟世界中表现出极高的自我认知，现在网络的普及成了他们逃避现实的一个避风港，对于网络表现出了不正常的依赖性，对成功的渴求使他们生活在虚拟的梦幻世界。而实际上，这些学生把荣誉或引起人们的羡慕、赞赏，作为一种生活的目标追求，他们很在意别人对自己的评价，但另一方面又不愿意承认或在潜意识中不接受这种认知，始终在主观上建立起以自我为中心的价值观。这种过高的自我认知使得他们自身总是处于较强的自束和更强的情感波动之间的矛盾之中，一旦目标、愿望不能达到，就会背上沉重的包袱，被压得喘不过气来，造成精神过度紧张。

三、自我认识对大学生择业的影响

大学生处于成年初期，是由青年走向成年的重要时期。在这一时期，自我认识蓬勃发展、社会生活领域也迅速扩大，特别是毕业生，正处于择业就业时期。"我该怎样选择我的职业""什么样的工作有利于发挥我的才能""这是我期待的工作吗"等一系列与大学生择业密切相关的问题，始终困扰着他们。

（一）择业过程中的因素

大学生在择业时难免会遇到各种各样的问题，这就形成了一系列的择业反应。这些反应既可以是理性的，也可能是非理性的。然而过多的择业困难可能会导致学生的极端反应。根据行为主义 S—O—R 模式，择业过程包括择业情境（挫折源 S）、自我认识（自我认识 O）、择业反应（挫折感 R）三个方面。三者中自我认识最为重要。对于同样的择业情境，不同的自我认识会产生不同择业反应。自我认识是一个人对自己的认识和评价，是对自己身心状态及对自己同客观世界的关系的认识，也反映人与周围现实之间的关系。自我认识包括自我观察、自我分析和自我评价。这三部分对大学生择业的心理影响也是不同的。

（二）自我观察对大学生择业的影响

自我观察是为更深层次的自我了解奠定基础，也是自我认识的基础。自我观察包括对自己精神状态、形象以及他人对自己的印象、自己的人生观和价值观等方面的系统了解。如果大学生对自己没有系统的了解，在择业时就容易产生自卑心理。

根据社会心理学研究表明，由于第一印象的影响，在总体印象形成上，最初获得的信息比后来获得的信息影响更大。因此，在大学生择业时，用人单位往往根据第一印象来决定大学生的去留。而有些大学生在择业面试的时候，不太注意自己的个人形象，面对面试人员的问题，不能结合自己的情况做出合理的回答，导致无法顺利就业。接二连三的失败让大学生在择业时很容易产生自我否认的倾向，怀疑自己的能力，最终形成自卑心理，从而减少了成功的机会。大学生通过初步的自我观察，了解了自己的基本状况，在择业时便能从容面对，更好地把握就业方向，在众多的择业单位面前，根据自己的人生观和价值观学会取舍。

（三）自我分析对大学生择业的影响

自我分析是指个体把从自身所观察到的思想与行为加以分析、综合，在此基础上概括出自己个性品质中的本性特点，找出有别于他人的重要特点。每个人都有其社会价值，不同的人适合不同职业。大学生在求职时，面对众多的择业机会，却不知道自己适合哪种职业，就容易产生从众心理。而处在各方面的压力下的大学生很容易迷失自我，找不到自己的特点和优势，从而引发嫉妒心理。

1. 从众心理

人是社会性的动物，当个体由于认识和经验的不足，在许多未知的情景中，人们会选择大多数人的行为模式作为自己行为的参照。目前，不少大学毕业生选择大城市、知名企业、政府单位等物质条件较好的就业单位，他们觉得只有在这种环境下才有利于自身的发展，才能实现自己的理想和抱负。而许多毕业生对自己的认识不足，加上没有就业经验，从而产生从众心理，不愿意到急需人才的基层单位和条件相对较差的偏远地区就业。有些大学生，虽然目标明确，但是看到那么多的同学选择地域条件较好、物质待遇高的岗位，在这种群体的压力下，自己也变得迷茫，不知所措，最终产生从众行为。大学生在择业时，要考虑自己所选的职业是否适合自己的专业，是否能发挥自己的才能和专长。只有了解了自己，才能在任何情况下做出相应的分析结果，进而制定相应的对策。

2. 嫉妒心理

大部分人都存在不愿输给别人的意识，习惯于和别人做比较。而每个人都有其优势和劣势。在比较的过程中，如果用自己的劣势和别人的优势相比较，就可能让自己处于被动地位，嫉妒就会悄然而生。大学生在择业时，个体与个体之间存在强烈的竞争意识，看到别人某些方面超过自己，于是变得眼红和不甘心，并为此产生恼怒。除了内心的怨恨之外，绝大多数嫉妒都伴有发泄行为，如讽刺、诽谤甚至于伤害。只有当看到别人和自己同等或不如自己，嫉妒者才会心理平衡。大学生在择业时要发挥自己的个性特征，避开其他方面的欠缺，是事业成功的一个十分有利的条件。因此在大学生择业过程中，更要不断地进行自我分析，找出自己有别于他人的重要特点，从而发挥自己的最大优势，为自己的职业选择打下良好的基础。

（四）自我评价对大学生择业的影响

自我评价建立在自我观察和自我分析基础之上，是对自己的能力、品德及其他方面的社会价值的判断。自我评价分为适当与不适当的评价，不适当的评价又分为过高的评价和过低的评价。不恰当的评价会使大学生在择业过程中产生不良的心理。

社会心理学家斯旺曾做过一个实验，证明人们确实偏爱确认自我概念的反馈。根据这个结果表明，在就业中，如果一个人自我评价较高，他就会寻找能确认这个自我图式的信息，而排斥否定信息，从而产生盲目攀高心理和攀比心理；而如果一个人自我评价过低，他会寻找能确认自己不足的信息，而看不到自己的优势，从而产生过度焦虑心理和消极依赖心理。

1. 盲目攀高心理

大部分各方面条件都不错的毕业生在择业前便精心构建自己的未来。到了择业时，他们一味地按照自己的想法去选择用人单位，对工作的期望值很高，而不考虑当前的实际情况，最终很难找到自己满意的工作。他们总是错误地理解"是金子总会发光的"，以幻想代替现实。

2. 攀比心理

有部分毕业生自认为很有才华，应该有个好的归宿，因而傲气十足，即使当时有机会进入非常适合自身发展的单位，但因为某个方面可能比不上同学的就业单位，就都放弃。他们认为自己学业、能力等方面都比别人强，在未来的就业上理所应当地优于他人，不应当委曲求全。在现实生活中，我们常常会遇到书本上没有的问题，如果大学生还像在校时那样一味地孤芳自赏、自以为是，结果只能在择业竞争中四处碰壁或以失败告终。

3. 过度焦虑心理

对于一般的学生来说，很容易把这种压力化成一种动力，由此而产生积极的行为。但是，有一些较为内向的大学生，在大学生活中默默无闻，在别人的光环影响下渐渐觉得自己不如别人，看不到自己的优点，觉得做任何事情都不会成功。如果长时间地承受这种心理，很容易发展成心理疾病，从而影响他们的学习和生活。

4. 消极依赖心理

择业依赖心理，是指在择业中缺乏独立意识和自主承担责任的意识。现在许多学生都是由家长、老师选择专业、学校，渐渐地养成了依赖心理。而这些学生往往在校表现也不主动，找不到自己的特点和长处，做任何事都抱着依赖别人的思想。在就业的时候，更加依赖家人的社会关系，试图想通过关系就业。坚信"车到山前必有路""天上也会掉馅饼"。即便是有选择就业岗位的机会，也不知所措，拿不定主意，最终还是向千里之外的家长寻求决策帮助，以致贻误择业的最佳时机。

四、高职学院学生对创新创业的价值期望

随着"精英教育"向"大众化"教育转型，近年高职院校毕业生数量逐年增加，

就业形势日趋严峻，盲目择业、频繁跳槽的现象也相当普遍。造成此类问题的原因是多方面的，包括就业机制市场化过程中法律制度不完善、培养目标与职务要求不对称、专业设置与社会需求不相符等问题。除此之外，毕业生缺乏良好的职业价值观，对自身职业生涯缺乏规划，也是造成学生就业出现种种不良现象的主要原因。职业价值观是价值观在职业行为中的具体体现，即人们从某种职业中所能取得的终极状态或行为方式的信念。如何引导学生顺应时代要求、树立与经济社会发展形势相适应的职业价值观，是高职院校思想政治教育亟待解决的重要课题。

（一）高职学生职业价值观教育存在的问题

1. 对职业价值观教育不够重视，认识不明晰

面对着空前的毕业生就业压力，穷尽各种措施提升学生理论与实践水平，以增强学生的职业能力，是各高职学院教育教学工作的重中之重。职业价值观的教育不同于就业指导，就业指导侧重于在实践操作层面，如在就业政策与信息传达、面试技巧等实务方面给予学生帮助；而职业价值观教育的主要意图是培养学生的价值理性，引导他们建立科学的职业价值观念、价值判断、价值信念以及选择能力，并合理地与职业生活相结合，引领美好职业生涯的创建，在集体组织和社会发展中成为一个积极的角色。二者在目标与内容上都大相径庭。学生职业能力的提升不能解决学生的职业期望过高、职业价值目标不明确、职业评价偏差等问题。

2. 职业价值观教育内容体系不完善，缺乏时代性

目前，我国很多学校开设就业与职业规划类课程，但有关职业价值观教育只是职业规划中的次要内容，没有系统的清晰概念。无论是就业指导教师还是学生，更为关注的是求职中的实务性问题，对职业价值观的关注少之又少。而且职业价值观的教育未能准确把握当今大学生价值观的多样性与时代性，缺乏对当代大学生个性化差异的了解，致使职业价值观教育内容缺乏独立、完整、科学的宏观框架体系，背离了社会实际和青年大学生职业观念，严重制约了职业价值观的教育成果。

3. 缺乏系统的教育模式，施教主体不明确

学生的职业价值观培育是一个系统工程，无论是专业课程，还是德育课程与就业指导课程，在学生的职业价值观培养中都应承担重要的引领作用。然而，专业课教师关注的是学生的专业技能，就业指导老师关注的是就业指导课程的实效性，思想政治理论课教师面对来自不同专业领域和学科的学生，很难做到有针对性地引领学生树立正确的职业价值观，导致因缺乏明确的任务目标指引，职业价值观教育逐渐走入了真空地带。原本应该在系统中整体协作完成的一项重要的教育职能，几乎在高等教育实施过程中被遗忘，或是从系统中被剥离出来，由单独的部门可有可无地承担着，教育

效果可想而知。

（二）构建高职学生职业价值观的培育机制

1. 明确职业价值观教育的基本目标与内容

职业价值观内容体系的完善，需要以国家的教育方针为指导，并在把握当前经济社会形势的基础上，结合高等教育培养目标与社会需要及学生的职业价值观特点，完善以下几方面内容。

第一，加强社会主义核心价值观教育，以核心价值观引领职业价值观。

第二，以职业道德教育为本，帮助学生树立良好的职业操守。

第三，强化职业认知教育，使学生形成合理的职业预期。缺乏合理的职业预期，过于追求稳定性与工作环境的舒适性，是当前大学生职业选择中的主要问题，也是目前大学生职业认知不清的体现。加强学生的职业认知教育，提高其职业认知水平，可以帮助学生正确认识经济社会的职业需求，了解职业的价值和意义，同时也可以引导学生对自身的知识水平、职业能力、专业特长等职业素养有一个全面、客观的认识与评价，培养学生良好的职业动机与积极的职业态度。

2. 构建系统化、科学化的职业价值观教育模式

职业价值观教育模式的系统化和科学化是提升大学生职业价值观教育效果的基本保障。系统化和科学化的教育模式对职业价值观教育提出了基本要求：教育要有机地渗透到学生在校期间学习、生活与实践的每一环节，要与高职院校的教育教学形成有机的整体。

（1）发挥课堂教学和实践教学在职业价值观教育中的作用

课堂教学是高等教育的主阵地，在专业课堂教学活动中，任课教师应自觉地把职业价值观念渗透给学生，帮助学生形成合理的职业认知，塑造学生高尚的职业价值观。同时通过见习、毕业实习等方式，加深学生对职业的了解和认知，在培养学生专业操作能力的同时，也培养其踏实的职业作风。

（2）强化政治思想理论课程在职业价值观教育中的指导作用

当前，政治思想理论课堂仍然是学生价值观培育的主渠道，因此，对学生的职业价值观培育需要发挥思想政治理论课的引导作用，将职业价值观教育有机地融入思想政治理论课教学体系之中，通过教育和引导，使正确的职业价值观成为学生个人理想与奉献精神的基石。提高创新创业教育在职业价值观形成中的引领作用。当前，各高职院校普遍开设创新创业教育，将职业价值观教育纳入创新创业教育中，并使之成为保障学生形成正确的职业认知的一项重要环节。

3. 强化教师队伍建设

教师是教学目标与教学任务实现的载体，要将专业教师、辅导员与德育理论课教师整合到职业价值观教育的队伍中，形成合力，这是职业价值观教育科学化、系统化的保障。教师要努力提高自身的人文素养，帮助学生树立良好的专业认知、确定正确的职业目标、培养良好的职业价值观。

深入开展职业价值观研究，掌握当前学生职业价值观的发展走向，全力构建符合新时代要求的职业价值观体系，这是大学生思想政治教育课程的一项重要内容，也是我国高职院校思想政治教育工作的一个重要使命。

第四节　创新创业教育中法制教育的缺失与完善

创新创业法制教育是高校学生创新创业教育的重要组成部分。创新创业法制教育的实施有助于大学生更加有序地实施创新创业行为，有效地规避创新创业法律风险，有力地维护正当的权益。当前大学生创新创业教育中存在创新创业法制教育课程设置缺位、测评体系对创新创业法律素养关注不够以及创新创业法制教育知行脱节等现象。对此，应该从调整创新创业课程结构、在创新创业素质测评体系中补足创新创业法律素养的元素以及提高创新创业法制教育实践性等方面着手，不断进行完善。

一、大学生创新创业法制教育的必要性分析

（一）有序实施创新创业行为的现实需要

大学生创新创业不仅是创新创业项目接受市场需求检验的过程，也是与不同的政府部门、风险投资公司协商互动的过程。大学生创新创业涉及创新创业实体的登记注册、创新创业资金的募集筹措、公司章程的编制、企业印章的刻制、机构代码的办理等流程。这些流程程序复杂且要求严格，很多时候成了阻碍大学生创新创业进程的因素。但事实上，《中华人民共和国中小企业促进法》等法律法规已经对创新创业流程进行了清楚明确的规定。大学生只要熟悉这些创新创业的法律法规，就可以避免"碰壁"和"走弯路"。另外，大学生缺乏法律素养和法律技能，不善于运用大学生创新创业的政策优惠，就很难将大学生创新创业的优势凸显出来，无形中增加了创新创业的阻力。大学生创新创业在融资、场地、贷款、税收、培训等方面有着国家的特殊照顾，但是这些创新创业优惠政策作用发挥的重要前提之一是大学生熟悉、了解并能够有效合理

地利用。只有熟悉创新创业优惠政策申请的要求、程序，清楚与行政部门良性互动的法律技能，才能更好地用好、用足、用到位大学生创新创业的优惠政策，才不会让大学生创新创业优惠政策成为"一纸空文"。

（二）有效规避创新创业法律风险的必然要求

大学生社会阅历比较浅薄，创新创业经验相对匮乏，这导致他们在创新创业过程中很容易误入歧途。大学生创新创业涉及多个不同环节，稍有不慎都会出现行为失范，招致不必要的法律风险。大学生创新创业过程中可能面临的法律风险不胜枚举，包括非法集资、违规经营、侵犯知识产权、服务或产品质量不过关等。大学生创新创业过程中缺乏法律意识，不具备相应的法律知识技能，难以准确辨别行为的合法性与否，导致自身陷入法律纠纷的漩涡甚至锒铛入狱的现象。大学生创新创业法律风险不仅对商业信誉带来严重的打击，很多时候直接成了创新创业失败的导火索。就以大学生创新创业资金的筹措为例，民间融资与非法集资的行为形式上具有相似性，辨别起来具有相当大的难度。大学生缺乏法律知识与法律技能，就很可能区分不清楚正当资金募集途径与非法集资的界限，在创新创业实践中就可能误将非法集资当成民间融资，产生不必要的法律困扰。

（三）有力维护创新创业权益的自身要求

大学生创新创业起点较低，创新创业资金相对有限，创新创业过程中合法权益如果遭遇非法侵害，可能导致创新创业的失败，甚至更加严重的后果。他们正当权益被侵害而不自知，或者他们知道却不懂得如何捍卫合法权益，最终陷入被动无奈的窘境。大学生在与合作者、经销商、消费者等发生纠纷时，除了具备必要的协商和解的技巧以外，仲裁和诉讼才是解决商事矛盾以及维护正当权益的最有效手段。促使大学生熟悉运用诉讼法、仲裁法等法律法规，有效地甄别和避免商业诈骗等陷阱，增强维护合法权益的意识和能力，成为了提高创新创业成功率的现实需要。换言之，大学生创新创业教育中要有意识地培育大学生的法律意识，鼓励他们学习掌握创新创业相关的法律知识技能，使他们一旦在参与市场生产经营遭遇到不法侵害时，能够运用法律武器维护正当权益。

二、创新创业法制教育存在的问题

（一）创新创业教育课程体系中法制教育课程的缺位

"创新创业教育的实施离不开创新创业教育内容的设定，只有与时俱进、追求创新、注重全面素质教育的内容才能更好地提升创新创业教育的品质"。我国大部分高职院校专门开设了企业战略管理、服务营销管理、财务会计制度、人力资源管理等课程，为大学生创新创业提供必要的知识支撑。这些课程直接指向大学生创新创业过程所必需的能力和品质，很有现实意义。但也存在许多问题亟待解决，其中很突出的表现之一就是创新创业法制教育课程比较零散。部分高职院校错误地认为，大学生已经学习过"思想道德修养与法律基础"课程，不必要再专门对大学生开展创新创业法制教育，实则不然。因为课时有限等原因，"思想道德修养与法律基础"课程所涉及法律知识大多为各个部门法总则内容的介绍，"蜻蜓点水式"的法律知识学习难以真正建构起大学生的法律观念与法律知识体系。大学生创新创业过程中资金的担保借贷、经营实体的工商注册以及企业税收优惠的申请等都直接要求他们具备相应的法律知识。创新创业教育课程体系中专门性、系统性的法制教育课程的缺位，导致许多大学生创新创业实践面临具体法律问题时束手无策，举步维艰。

（二）创新创业素质评价体系中法律素养指标的失位

现有的创新创业教育简单地将创新创业素质划分为创新创业专业知识，诸如企业管理、人力资源管理等；创新创业心理素质，诸如坚持不懈的精神；创新创业意识，例如，创新创业的观念与期待；创新创业热情。从测评体系所归纳的四大创新创业素质维度中可以看出，创新创业教育无形中忽略了创新创业法律素养。创新创业法律素养的培养成了大学生创新创业素质培养中可有可无的"点缀"。大学生创新创业素质结构中缺失了必要的法律素养，导致他们在面临具体法律问题时候处理稍有不慎就会误入歧途，导致违法犯罪现象的发生。

（三）创新创业法律教育中法律认知与法律技能的脱节

创新创业法律教育表面化、形式化的现象比较突出，难以真正发挥其在大学生创新创业实践中的指导作用。因为缺失了专门化、系统化的创新创业法律教育课程，很多创新创业导师在涉及创新创业法律教育时候只是注重强调树立法律意识的重要性，但是对于具体的法律知识以及如何运用法律武器维护创新创业过程中的正当权益却没有涉及。这样一来，大学生了解到树立法律意识的重要性，但是对于如何具体地运用法律知识与技能，实现正当权益却心有余而力不足。创新创业法律教育只是简单地停留在对重要性与必要性的论述中，而忽视了具体的法律知识与技能培训，实质是大学生创新创业法律教育中法律认知教育与法律技能培养之间脱节的重要表现。在这种情况下，大学生难以真正培养起对商事行为合法性的敏锐辨别力和面对非法侵害运用法律武器维护合法权益的行动力。

三、大学生创新创业法制教育推进的有效路径

（一）调整创新创业教育课程的结构，弥补法制教育的空缺

1. 补充专业化的创新创业法制教育的师资力量

要确保大学生创新创业法制教育的专业性、系统性，就要在师资队伍建设上"下功夫"。高职院校可以建立以校内法学教师为主体，校外专业律师为辅助力量的"专兼结合"师资队伍模式。"专兼结合"的教师队伍结构，既能够保证创新创业法制教育课程设置的长效性，又能发挥专业律师实践性较强的特点，增强创新创业法律教育的针对性。

2. 增加长效化的创新创业法制教育课程

高职院校可以根据大学生创新创业不同阶段的需要，根据大学生创新创业实践的需要对部门法的内容进行整合重构，开设贴近大学生创新创业实践的法制教育课程。大学生创新创业涉及的部门法数量较多，对每个部门法的内容进行细致教学的做法并不现实。例如大学生创新创业初始阶段，需要了解的可能是《担保法》《民法通则》中关于融资借贷的法律知识，而创新创业创新创业拓展阶段则需要了解《公司法》《个人独资企业法》等相关法律知识，整个创新创业过程涉及的法律知识相当庞杂。基于此，高职院校可以根据大学生创新创业不同阶段所需要的法律知识与技能，将大学生创新创业必备的法律知识挑选出来，以专题的形式进行讲授。如此，大学生创新创业法律教育课程就更具针对性与实用性。

（二）转变创新创业素质结构的认识，加强法律素养教育

一方面，科学设计大学生创新创业素质的测评体系。要转变当前大学生创新创业素质测评体系中普遍空缺法律素养的情况，就要有意识地将法律素养作为大学生创新创业素质测评与完善的一项重要指标。评价体系是创新创业教师和学生不断完善自身素质的一项重要导向。增加法律素养在创新创业素养评价体系中的分量，有助于更好地督促教师培养大学生的法律素养的自觉性以及激励大学生学习创新创业法律知识与技能的自觉性；另一方面，高职院校创新创业教师要转变思想认识，更具针对性地培养大学生的创新创业法律素养。许多高职院校建立了大学生创新创业孵化基地，并专门配备了创新创业导师。创新创业导师要将创新创业法律素养培养作为一项重要的任务来落实，创新创业导师思想认识的转变，能够更加全方位地提高大学生的创新创业素质。

（三）优化创新创业法律教育的过程，促进知行合一的实现

1. 要丰富创新创业法律教育活动形式，巩固创新创业大学生法律知识

高职院校开展创新创业教育活动时，可以专门增补法律教育的相关活动，诸如创新创业法律知识竞赛、创新创业法律案例分析等。举办专门性的创新创业法律教育活动，不仅能够有效地凸显学习掌握创新创业法律的重要性，还能为大学生熟悉了解相关创新创业法律法规搭建重要的平台。

2. 要发挥企业的积极作用，为创新创业大学生提供更多的实践机会

高职院校负责创新创业的部门要主动与企业单位建立合作机制。高职院校鼓励创新创业大学生深入企业一线，细致全面地了解创新创业实践中可能面临的法律问题，能够真正强化他们学习掌握法律知识与技能的意识。而且，大学生在企业一线中能够真正近距离地接触企业的法律案例，对于大学生走上创新创业道路运用法律武器解决商事纠纷有着重要的借鉴意义。

第五节　高职院校创新创业教育的育人功能与路径

高职院校大力弘扬和培育创新创业文化，培养创新创业人才，既是提高人才培养质量，提高院校文化软实力的关键一环，也是将"大众创新、万众创新"的精神落到实处，让创新创业精神成为全社会共同价值追求和行为习惯的必然要求。

一、高职院校创新创业的教育教学系统

从"创新是改变生产方式、生产规则、产生新产品"的角度来理解，对于为生产一线培养高级应用型人才的高职院校而言，理应成为创新创业的主力和前锋，但目前情况不容乐观。从统计数据来看，高职院校在校生和毕业生创新创业的很少，成功的更是屈指可数。调查显示，大部分学生认为学校组织的创新创业活动太少，所授课程知识与现实脱节，缺乏针对性。这就强烈呼唤要根据创新创业的规律特点，从高职院校创新创业教育教学的供给侧改革入手，创新教育教学内容、重点和模式。

创新创业的内容往往涉及多学科、多专业，其实现过程往往是处于复杂多变环境下、多种方式方法的并用。从创新创业教育的生态系统角度来看，就是将创新创业教育实施过程中的各种因素，看作彼此关联的有机整体，它涵盖了学校、政府、企业、研究机构、风险投资机构等多种因素。从功能结构来讲，高职院校创新创业教育的生

态系统更加强调创新创业文化的培育及大学生创新创业技能的提升，承载着大学生个体成长与高等教育培养目标之间有机融合的功能；从运行机制来讲，创新创业教育生态系统的内部和外部因素都对创新创业教育起着激励、制约与调控等作用，影响着创新创业教育的发展、延续和自我完善。就创新创业教育的本质而言，它是一个社会认知和实践过程，更多的内容是采用显性隐性混合、隐性为主的教育教学方式。

高职院校创新创业的教育教学，应从完整创新创业过程的需求特点出发，按照创新创业的不同生命发展阶段规律、教育教学要点和方式要求，建立与之对应的全开放、逐步递进阶梯形教育教学系统。全开放是系统要尽可能多地吸纳校内外各种教学资源，不受学期、教师、教学地点、场所、方式限制；逐步递进是学生随时可以进入各个子系统，选择符合自身创新创业条件及环境要求的内容学习和实践，并逐步升级。子系统是针对创新创业生命周期不同阶段的需求，由逐步递进的不同教育教学内容、教学方式和教学情境等各种教育教学资源组成的集合。它针对院校的现状，结合学生的认知规律与创新创业过程规律，从创新创业进程的特征表现，分析各阶段对不同知识技能的需求，选择各种教育教学资源的供给，完成不同阶段的创新创业教育教学。

（一）创新创业孕育期教育教学基础子系统

创新创业不只意味着开创事业、创办企业，更重要的是孕育创新的理念、创造的观念、创新的能力和潜质。每一名大学生都应当是创新创业教育生态系统中最为核心、最具有独特生命力和无限可能性的个体。因此，高校创新创业教育应当从个体生命成长的角度出发，把维系和促进每一个学生创新创业意识的觉醒、创新创业精神的培养作为创新创业教育最为根本的任务。对于目前处在社会高速发展变革时代的高职院校来说，这部分内容应该是普及性教育，应使全体高职学生树立创新创业的理念、了解创新创业知识、培养创新创业意识、激发学生对创新创业的兴趣、加强和重视创新创业意识与思维对学生未来职业发展的影响，将创新创业的知识及意识精神培养普及到所有学生。这对于学生未来的就业及职业发展有潜移默化的功效，也能真正助力于"大众创新创业，万众创新"的兴起。在这一普及教育过程中，必然会激起或发现更多对创新创业有浓厚兴趣且本身具有创新创业潜质与天赋的学生，为更多的学生进入创新创业初生期的学习奠定更广泛的基础。高职院校创新创业教育的目标，并不是鼓励大量高职学生在校期间进行创新创业，或者毕业后直接创新创业，而是将整体目标定位为尽可能多地为企业一线技能型岗位培养创新创业型人才。所以，高职院校的创新创业教育首先应该是创新创业相关的理论知识和创新创业素质的培养。创新创业教育教学孕育期教育教学，其功能是最大限度地使学生接受创新创业的认知和培养创新创业的基本素养。除了相关的理论知识讲授外，创新创业精神、素质与能力的培养，不仅需要知识的传授，也需要在模拟或实际商业环境下进行实践与历练。

（二）创新创业初生期教育教学子系统

创新创业教育教学不能与相关的专业教育相分离，而是要嫁接到相关专业教育教学上。对于掌握一定的专业技能、具备一定的经济理论知识、具有一定生产生活经历和阅历的学生，将创新创业知识与业务知识结合，确定创新创业的方向、领域、范围，标志着进入了创新创业的初生期。与孕育期相比，由于学生个性、环境、条件等诸方面的影响，能够进入这一阶段的学生会大大减少。目前还很难找到引导学生顺利进入这一阶段的专门学习内容和课程体系，普遍认为将创新创业教育与专业教育教育融为一体的"融合式"教育教学方式是比较好的选择。一是通过各种专业技术方法应用领域的介绍、专业发展前沿动态讲座、企业的创办和经营管理等内容的理论讲解、案例分析等，帮助学生提供更多的创新创业选择机会、开拓选择视野范围；二是由有项目有经验的老师或基地的师傅，以师傅带徒弟的方式，通过研中学、干中学，确定创新创业的方向和内容。所有的创新创业过程，都要依托于一定的专业技术知识的应用，它不是凭空而起的活动，而是与专业技术技能紧密相关的。这就要求创新创业教育与各类专业知识技能之间建立相互关联，将创新创业方面的内容与专业技术、技能融合，使学生在学习专业技术、操作技能的同时，在规划运筹、社会生产、社会服务、市场营销等方面得到锻炼提高，甚至取得创新创业成果。这一阶段是在创新创业普及教育的基础上，将创新创业教育与专业技术技能教育形成有机联系，使创新创业迈上新的台阶，其目的是培养发现更多立志于创新创业活动的开拓者。随着高职院校自主招生范围的不断扩大，高职学生在学习能力、兴趣爱好、个性潜质等方面的个体差异不断扩大，为使创新创业教育目标更好地得到实施并取得好的教育教学效果，就必须因材施教，这样在创新创业教育普及覆盖到全体学生的前提下，又能兼顾对那些具有较好创新创业潜质的学生进行重点选拔，发现并培养一些有创新创业天赋的学生，让他们真正有机会在创新创业方面有所突破，成为创新创业的先锋。

（三）创新创业成长期教育教学子系统

创新创业的成长期是创新创业内容开始实施，并进行实际运作的过程，是对创新创业过程失败、成功的不断探索、总结阶段，其突出的特点是实践。其教育教学内容应突出体现对这一过程的物质支持和及时满足不断变化的学习环境要求。在这一时期，应根据其成长阶段的特点，体现不同的教育教学重点。从创新创业教育生态系统角度来看，系统各要素间的协同必须以为学生提供服务作为主导，以营造创新创业教育生态系统的内外环境为主，从政策、制度、资源等各方面对学生的创新创业进行扶持，加强系统中不同要素之间的连接，注重资源间的流动。如建立大学生创新创业联盟、创新创业网络与创客空间等，为学生营造良好的内外部环境。

成长初期创新创业者面对的是更多的挫折和失败，更需要精神激励；成长中期面对的是技术工艺的不断完善升级、市场开拓、策略选择等方面的支持和帮助；成长后期是要正确面对成功，科学做好对未来发展的战略分析和战略选择。整个成长期是创新创业的最艰难、最关键时期，其教育教学内容、教学环境复杂多变，对教育教学环境和条件要求高，往往需要高职院校统一协调校内外各种教学资源，为创新创业者提供支持和帮助。各教学单位的责任目标重点，是为创新创业者在"干"中的各种需求提供服务。创新创业教育本身就是一种实践导向很强的教育，更多地依靠实验、实训、实践教育教学环节来训练提高，使学生在社会生产实践过程中培养提升创新创业素质与能力。大多数创新创业活动以及创新创业氛围的培育，都需要学生到创新实验室、创新创业实训中心、大学生创新创业街区、创新创业园、创新创业孵化器、校外创新创业公司等参加各种各样与创新创业相关的各类实践活动，在体验中学习成长，在做中学，边做边学。创新创业成长期的教育教学子系统，就是要为励志创新创业者搭建能够及时提供各种创新创业条件和环境、不断满足创新创业运作要求的供给侧教育教学服务平台。

（四）创新创业成熟期教育教学子系统

创新创业成熟期标志着创新创业的成功，同时也预示着随时可能步入衰退的开始，主要面对的是持续稳定的生产和不断往复的经营问题。这一阶段的教育教学重点是必须明确面对随时可能发生的激烈市场竞争。摆在创新创业者面前的，要么尽快由成功的创新创业型向稳定经营型转变，要么尽快进入新一轮创新创业周期，否则成功的创新创业迟早会走向衰退直至死亡。创新创业成熟期教育教学子系统，面对的是创新创业活动进入稳定市场化、社会化的运作，已进入成熟和成功阶段，其主要功能是为成功创新创业向持续稳定经营管理的转变（由成功创新创业型向持续稳定经营型转变），或为新一轮的再创新创业（再次进入创新创业的初生期，寻求下一个创新创业循环）提供一个支持和帮助平台。

全开放、逐步递进阶梯形创新创业教育教学服务系统的构建，就是根据创新创业的规律和特点，从不断挖掘、发现、满足不同群体学生对创新创业教育教学需求的侧供给改革入手，科学划分创新创业生命过程的各阶段，分析其发展变化规律和特点，根据创新创业活动各阶段的不同需求，最大限度地满足创新创业对多学科、多专业、多方式方法、多复杂环境变化的要求，为创新创业教育教学营造良好的环境氛围，协调、共享校内外各种教育教学资源，提供最适宜、最及时的服务。

二、高职院校创新创业教育的途径

（一）国内外高职学院创新创业教育的经验做法

创新创业教育不是中国的流行风，更是世界高校共同关注和着力的热点。以学生、教师等机构成员的发展为本，并且应该拥有全球化的心态，对不同文化和价值观表现出适应性与灵活性。美国以百森商学院"强化意识"模式、斯坦福大学"系统思考"模式和哈佛大学"注重工作"模式为代表的高校创新创业教育，强调的是以学生为主体的创新创业服务式教育；日本高校的"产、官、学"协同模式和"企业家教育"模式，特别强调产教融合和学生企业家精神的培育；新加坡盛行的"教学工厂"模式和"无界化校园"模式，为集群化的创新创业教育和标准化教育教学提供借鉴；德国的创新创业型大学建设模式和精英人才培养的发展模式，强调了学科融合和阶梯式创新创业教育；香港地区的高校全民创新创业教育模式和台湾地区的高校创新创业孵化与扶持，将创新创业理念和文化产生辐射效应。

（二）国内高职学院创新创业教育典型案例和经验——东营职业学院打造高职创新创业教育特色品牌

东营职业学院成立于 2001 年，是国家骨干高职院校、山东省示范高职院校。设有石油与化学工程学院、石油装备与机电工程学院、建筑与环境工程学院、会计学院、经济贸易与管理学院、电子信息与传媒学院、生物与生态工程学院、教师教育学院 8 个二级学院，开设 54 个专业，现有教职工 804 人，全日制在校生 18 200 人。

学校牢固树立"以创新创业为导向"的人才培养理念，着力推进创业学院、大学生创业服务中心、大学生创业孵化基地"三大平台"建设，初步形成全国高职院校创新创业教育特色品牌。学校先后荣获"山东省大学生创业教育示范院校""全国高职创新创业教育工作先进单位"等荣誉称号。2016 年，被省委宣传部确定为山东省"金种子"计划第二批试点孵化器立项建设单位。

1. 创新管理体制机制，建设坚强高效保障体系

加强组织领导。学校实施了创新创业工作"一把手工程"，把大学生创新创业教育置于各项工作重中之重的战略位置，列为党政工作的重要议事日程、列为学校四级管理目标考核重要指标。学校成立了以党委书记、院长为主任的创新创业工作指导委员会，对创新创业工作进行顶层设计、指挥协调和督促检查。

加强创新创业管理机构和力量建设。挂靠招生就业处成立了创业学院，依托创业学院成立了创业教育教学部，为招生就业处配备人员 16 人，指导 8 个二级学院成立了创新创业指导办公室，配备了专职人员。面向全校遴选了 47 名创新创业专兼职教师，下设创业基础教研室、创业技能教研室、创业实训教研室、创业服务教研室、创业教育研究所、创业教育资源管理中心等"四室一所一中心"，全面负责创新创业教育教学工作。注重就业创业导师团队建设，119 人具有职业指导师、创业咨询师等相关职业资格，所有教学班配备了创业委员，学生会成立了大学生创新创业联盟。

加强创新创业工作制度体系建设。已制定包括创业产业管理公司自身运行制度、财务管理制度，大学生创新创业项目管理制度、在孵企业工作计划和财务经营月报制度在内的内部控制制度和管理规章 30 余项，营造了良好的创新创业工作生态系统。

加强工作机制创新。探索实施了创新创业工作联席会议月例会、二级学院创新创业工作"一票否决制"、创业导师责任状制等制度机制，保证了创新创业工作的高效运行。

加强创新创业工作条件建设。建设了 3 392 平方米的大学生创业孵化基地和 11 284 平方米的大学生创新创业服务中心两栋大楼，总投入 8 000 余万元。积极推进校企共建，与企业共建创业园区 3 个，实现校园孵化与社会园区孵化的有机对接，构筑了省内一流的集"创业教育、创业培训、创业孵化、创业服务"于一体的开放型大学生创业孵化平台。同时，学校通过校企合作方式，与达内集团、东软集团合作，以专业共建为基础，开发文化发展软件研发平台；与山东追梦人影视文化传媒有限公司合作共建文化类专业教学实训平台；与西郊现代产业园合作，共建文化创业项目孵化平台。项目建成后，将会极大促进区域文化产业人才培养、文化创意成果转化和小微文化企业培育能力。

2. 优化创新创业教育生态体系，打造全国高职院校创新创业教育特色品牌

主要工作和措施如下。

第一，确立创新创业人才培养方向，推进创新创业教育与专业教育的融合。

东营职业学院作为国家骨干高职院校，将大学生创业孵化基地建设纳入了骨干校建设项目，确立了以创新创业为导向的人才培养方向，将独立的创新创业教育课程模块纳入人才培养方案的同时，全力推进创新创业教育与专业教育的融合，将创新创业教育融入专业教学，纳入整体人才培养体系，在全校树立了明确导向。

第二，加强教学团队建设、课程体系建设和教育教学资源建设。

试办创业实验班，成立创业学院，设立创业教育教学部。组建创业教育教学团队。面向校内遴选专兼职创业教师 47 人，聘请了 45 名校外企业家、专家学者等担任兼职创业导师。推动大学生创业基础、大学生创业实训、职业规划与就业指导这 3 门课程作为必修课和指定选修课纳入各专业人才培养方案，列入课程教学计划，6 学分、108

课时。其中的大学生创业实训，采取了 3D 仿真环境下应用实训软件操作演练为主的授课方式，涵盖了工商注册、测评达人、财务管理、税务管理、市场营销、电子商务、经营管理、连锁经营、创业之星等九个模块，在全省高校首创，深受学生欢迎。自主开发了 11 门校本创新创业系列教材，开设了 10 余门创新创业公选课，形成了完善的创新创业教育课程体系。投入 2 000 余万元，建设了创新创业实训课堂 12 个，引入工业机器人、3D 打印、激光雕刻、智能制造、航空模拟等实训项目 21 个。建设远程实训课堂，实现了与创业导师和专家的即时互动，共享优质资源。与阿里云合作共建中国大学生创业孵化网，提供全天候线上导师服务和大学生创业项目间的互动交流。

第三，全方位培育大学生创新创业团队，高质量孵化大学生创业项目。

建设了创业沙龙、阳光咖啡吧、创客空间、创业孵化器、创新创业数字化一站式服务大厅、免费代理记账工作室、自助式高技术创业平台、创业成果展示交易大厅等 28 个功能服务室，校企合作设立了大学生创业基金，为大学生创新创业实践提供了强有力支撑。

探索形成了常态化组织全校性创新创业大赛、以大赛培育和遴选创新创业团队、依托团队孵化大学生创业项目的良性循环机制。2016 年，报名参加各类创新创意创业大赛的学生团队达到 356 个，参与学生 1 600 余人。大学生创业孵化基地已成功孵化创业项目 120 余个。目前，在孵大学生创业项目 61 个、创意项目 117 个。2016 年，校内大学生创业项目营业额已超过 1 000 万元。

培育了第一届"山东省大学生成功创业者"王海亮、第二届"山东省大学生十大创业之星"董传盟、第三届"山东省大学生十大创业之星"李肖肖等一批在全省乃至全国有影响力的成功创业典型。

第四，努力创办东营创新创业大学。

2014 年，东营市人民政府依托东营职业学院大学生创业孵化基地工作基础，采取政府主导、校企合作、市场化运作模式，在东营职业学院创建了东营创新创业大学，成为山东省首家挂靠高校成立的集"创业教育、创业培训、创业实训、创业服务"等多种功能于一体的地方性非学历创业大学，为我校创新创业工作汇聚了更优质资源，搭建了更高平台。

第五，深入开展高校创新创业教育理论研究。

2014 年 11 月，校级科研课题《高职大学生创业教育体系研究》以优秀成绩通过验收；2015 年 5 月，《大学生创业孵化基地建设研究》被立项为山东省教育厅人文社科类课题；2015 年 6 月，《东营市市级大学生创业孵化基地建设研究》被东营市社会科学界联合会立项为 2015 年市级课题；2015 年 10 月，《"大众创业、万众创新"时代高校创业创新教育生态系统建设研究》获得山东省社科联学术委员会 2015 年山东省人文社会科学课题立项；2015 年 10 月，《基于众创空间平台的高职大学生创新创业教育改革研究》被确定为山东省教育厅 2015 职业教育教学改革研究立项项目省重点资助项目。

3. 取得的成效和标志性成果

2011 年，学校被评为"山东省大学生创业教育示范院校"；2013 年和 2014 年，连续荣获"全国高职创新创业教育工作先进单位"荣誉称号；2014 年，大学生创业孵化基地被团省委评定为"山东省青年创业孵化基地"，被团市委评定为"东营市青年创业孵化基地"，被省人力资源和社会保障厅、财政厅评为"2014 年省级大学生创业孵化示范基地"，并给予了 500 万元的奖励资金，被市人力资源和社会保障局、财政局评为"2014 年市级大学生创业孵化示范基地"，并给予了 200 万元的奖励资金。近 5 年来，组织学生参加省级以上创业大赛获一等奖或者金奖 10 余项。

学校是全国高职院校创新创业教育协作会副会长单位，联合国教科文组织中国创业教育联盟理事单位。2015 年，作为全国 24 所院校之一，参与发起成立了"中国职业院校创新创业教育联盟"；参加由教育部组织的"全国高职院校创新创业教育联盟"，并成为常务理事单位。东营职业技术学院的创新创业教育成功经验引领和带动了其他高职学院在创新创业教育的建设。

第五章　跨境人才需求困境和培养现状

第一节　跨境人才需求困境

一、跨境电子商务人才缺口分析

跨境电子商务的快速发展，离不开专业人才的支撑。大量业务线上操作，使得对传统的外贸专业学生的需求不断减少，而对具备国际贸易、电子商务、外语等复合型知识的跨境电子商务人才需求大增，并面临巨大的缺口。阿里研究院通过对 300 多家企业调研形成的《中国跨境电商人才研究报告》指出，高达 85.9% 的企业认为跨境电子商务人才缺口"严重存在"，招到的人不能按要求完成工作任务的比率高达 82.4%。德勒与 Pioneer 公司合作撰写发布了《2017 年度跨境电商行业人才管理趋势调研报告》，认为从整体上看 65% 的企业均认为行业专业人才在数量上的匮乏及质量上的短板是亟须解决的问题。企业人才来源一大途径是高职院校，但跨境电子商务属于交叉性学科，既有国际贸易的特点，也有电子商务的特点。而目前结合国际贸易和电子商务学科开设跨境电子商务专业（方向）的高职院校寥寥无几。目前，在跨境电子商务领域，毕业生主要来自国际贸易、电子商务、外语以及国际商务专业，由于缺乏符合跨境电商企业需求的复合型知识储备，企业认为大部分毕业生解决问题的能力不强，68.4% 的企业需要具备跨境电商操作技巧和实战训练的人才。

二、跨境电子商务企业需求岗位及其对知识能力的要求分析

跨境电子商务企业对人才能力的需求主要如下：一是具备熟练的英语口语、翻译、写作水平，能用英语等外语与客户沟通，进行产品讲解和翻译工作。二是能熟练运用办公自动化软件、图片处理等基础知识和技能。三是具备跨境电子商务平台操作、运营能力，以及客户服务、风险管理等技能。四是具备外贸、跨境物流、支付等专业知识和技能。五是具备海外营销推广技能，熟悉跨境电子商务平台占内外推广工具和方

式；了解不同文化之间价值观念、思维方式、语言、习惯、法律等知识，熟悉海外客户的消费需求、消费理念和网络购物习惯，能根据国家、文化、消费对象、产品的不同进行相应的营销策划。六是具备数据分析能力，能对营销数据、交易数据进行分析、提高产品转化率及销售额。另外，跨境电商从业人员将面临更加复杂的商务环境。因此，从业人员还需具有灵活应变的处事能力、良好的沟通交流能力、踏实认真的工作态度与积极合作的团队意识等职业素养。

（一）跨境电子商务企业需求岗位

1. 跨境电商业务岗

（1）岗位职责描述

负责跨境电商平台的商品发布、上传产品信息；对在线产品定期优化，提高产品曝光度和排名；对客户的询盘及时处理，提高询盘订单转化率；负责对意向客户的不断跟进，负责订单确定及传达、回款跟踪、发货跟踪等；负责将单据及时寄给客商清关报关；负责跨境电商平台账户的稳定安全并协助社交账户的运营；熟练应用客户开发工具与客户沟通，跟踪客户产品使用情况；合理处理争议、换货、退款，及时反馈客户争议和客户意见；筛选、整理、归纳客户资料，维护客户关系，促进满意度的提升。

（2）岗位职业能力与素质分析

英文（或其他小语种）读写听说比较流利。虽然阿里巴巴国际站、中国制造网、敦煌网、阿里巴巴速卖通等跨境电商平台的后台操作可以使用中文，但产品关键词设置、产品描述、与买家沟通等过程都需要使用英语或其他小语种，而 eBay 的后台则都是英文版的，没有一定的英语水平不可能促进交易成功。跨境电商业务岗需要复合型人才，掌握国际贸易和网络营销等知识，商务为主，技术为辅。既要了解不同国家客户的贸易惯例、法律、文化宗教信仰、消费心理等知识，知道如何与不同国家客户打交道，又要懂网上平台的运用，这样才能胜任本岗位的工作。具有较强的学习能力，工作认真，责任心强；具有较强的沟通、协调能力和团队精神；具有激情和活力、有较强的抗压能力。跨境电商发展迅速，不断有新的模式出现，竞争也日趋激烈，企业希望员工具备以上素质。

2. 跨境电商技术岗

（1）岗位职责描述

网络推广岗：负责网站系统、功能、模块、流程的设计；网站搜索引擎优化；做好关联营销；负责产品搜索排序优化、转化率优化，优化各推广平台，确保推广资源效果最大化；制订关键词广告投放计划，通过数据分析对推广效果进行监控和优化；对营销数据、交易数据、客户管理等数据进行分析评估，提出优化建议。

网站美工岗：负责店面整体形象设计更新、网站（页）模板设计；产品拍摄、美化产品图片并完成商品页面编辑设计；配合店铺销售活动制作促销图片和页面；视频拍摄及编辑美化。

（2）岗位职业能力与素质分析

具备基本的英语阅读能力。技术岗虽然不用直接和国外客户打交道，但在跨境电商企业工作，不懂英语也无法做好技术工作。电子商务技能处理能力。包括利用网络信息技术提高搜索流量，网络营销与推广，产品照片的拍摄与处理、商务网页的编辑与美化等。具有较强的逻辑思维能力和数据分析能力，能根据市场情况提出各种网络推广方案；具有较强的应变能力与创新精神；具备一定的文案创意、策划能力。

3. 跨境电商管理岗

（1）岗位职责描述

负责根据市场需求拟订相关运营方案，负责统筹公司货源、物流、网站推广、订单处理、售后跟踪等环节业务。

（2）岗位职业能力与素质分析

熟悉电子商务的运作模式和特点，熟悉国际贸易、物流、电子商务等方面的知识。精通经营产品的方案技术、成本、生产周期、交货方式、产品的卖点提炼、产品的推广节奏设计、组织销售、售后支持等整个供应链知识。能对公司跨境电子商务事业进行整体规划。有强烈的事业心，勇于开拓创新，积极进取。

（二）跨境电商企业知识能力的要求分析

跨境电商涉及国际贸易和电子商务两大领域，既需要推广运营、跨境物流、美工摄影等专业型人才，又需要拥有平台运营技能，对大数据、用户体验、金融服务熟知的综合型人才。

1. 专业型人才介绍

与传统国际贸易不同，跨境电商需要更多具备电商属性的专业人才，能够在线上更好地展示产品、营销推广、服务客户。从岗位角度来看，跨境电商需要的专业人才主要有以下几种：

（1）需求分析及选品人才

针对目标国家的目标用户，从购买习惯、需求偏好、文化习俗等角度出发，进行全方位的分析。对于专业卖家而言，之后需要采购合适、有销路的产品，并与供货商保持长远、稳定的合作关系；对于制造商而言，之后需要设计、生产与用户相适应的产品。

（2）网站平台搭建及推广人才

网站平台搭建人才主要指懂外语的 PHP 程序员和前台美工（必须懂开发语言），可以帮助企业开发维护主站及进行平台网店的装修。推广人才主要集中在精通各大平台规则、SEO、SEM、Ad words 操作、外媒 PR、外媒广告管理、SNS、Video Ad、Picture Ad、Comment Ad 等专业人员，这些岗位贵在专，同时又具备外语能力。

（3）美工、摄影美工、摄影人才

主要指精通视觉营销，可以拍摄出符合各大平台规则的产品图片及具备文字排版能力的专业人才。

（4）客服

熟练应用邮件、在线沟通工具，运用英语、德语、法语、俄语、阿拉伯语等小语种与客户进行交流。另外，由于发达国家用户自身权利意识较强，监管机构对保护消费者权利较为严格，经常出现投诉、退货甚至触犯知识产权的纠纷问题，因此客户还需要有不同国家法律和支持产品纠纷处理的能力。

（5）物流

跨境电商中的物流环节既是成本中心，又是利润中心，是用户体验的关键，还可以极大地提升企业的运营效率。跨境电商物流人才主要指具备国际订单处理能力，熟知国际物流发货流程和规则的专业人才。

2. 综合型人才介绍

跨境电商外部环境复杂，不同国家、不同行业所应对的政策规则不同，总体呈现出"需求多样、链条冗长、匹配复杂"的特点。在这样的背景下，综合型人才成为企业推动跨境电商的关键。

（1）初级人才

初级人才主要指掌握跨境电商运营技能，具备跨境电商平台实操能力的人。对于传统企业而言，拥有初级人才意味着跨境电商可以进入实操阶段了。具体来说，初级人才需要掌握以下能力：

① 英语或小语种的交流能力

亚马逊、eBay 等主流跨境电商平台以欧美等发达国家为主要市场，跨境电商企业需要通过英语与用户进行沟通交流。速卖通以俄罗斯、巴西等新兴国家为主要市场，近几年发展迅猛，跨境电商企业对俄语、西班牙语、意大利语、阿拉伯语等小语种人才的需求急剧增加。

② 了解海外目标用户的消费理念及文化

由于文化习俗、需求偏好不同，国内外用户差别巨大，跨境电商企业要对国外情况了如指掌，熟悉目标国相关行业的商品属性、成本、价格等情况。

③ 了解相关国家知识产权和法律知识

据统计，60%以上的跨境电商企业遇到过知识产权纠纷，涉及商标、图片、专利等多种载体。跨境电商企业需要了解各类电子商务相关法律，拥有应对大多数纠纷的能力。

④ 熟悉各大跨境电商平台不同的运营规则

不同的跨境电商平台，拥有差异极大的跨境电商规则，企业必须熟练掌握各个运营规则，拥有针对不同需求和业务模式的平台运营技能。

（2）高级人才

高级人才是指在战略角度对跨境电商有所洞察，能够对跨境电商的发展规律有所预测，熟练掌握跨境电商技术知识，能够胜任跨境电商营销、大数据分析、用户体验塑造、跨境电商物流及金融服务的综合型人才。对于企业而言，高级人才是实现可持续快速发展的保证，而随着跨境电商的纵深化发展，能够引领企业国际化发展的高级人才也将一将难求。具体来说，高级人才需要具备以下能力。

① 需求匹配能力

跨境电商链条冗长、环境复杂，企业要具备识别国家差异、需求差异、重塑贸易链的能力，能够针对不同需求选择相适宜的渠道，制定相关的营销运营策略，为不同行业、不同类型的用户提供与其需求相匹配的一系列产品及相关服务。

② 高效整合能力

跨境电商是新一次社会化大分工的开始，企业做好跨境电商，需要基于自身的核心竞争力，通过生态圈进行高效的整合。特别是在营销的过程中，为了实现目标国"本地化"，往往需要对目标国流量引入、国际营销、当地品牌知识有深入的了解，能够整合到当地优秀的流量导入、客户转化、客户留存、售后服务相关的各类本地化服务商。跨境电商最终的竞争不仅是成本、价格的竞争，更是本地化服务的竞争。

③ 带团队的能力

各类型人才稀缺是跨境电商企业持续面临的困境，高级人才要具备识人用人的能力，一方面在内部甄选培养跨境电商人才梯队；另一方面从外部不断吸引适合企业发展需求的新鲜血液。同时，高级人才还要具备团队管理能力，懂得如何留住优秀人才，营造适合人才发展的良好氛围。

④ 政策规则应对能力

从全球范围来看，跨境电商正处于高速不稳定的发展初期，全球贸易规则将发生巨大的变化。跨境电商企业要能够及时了解国际贸易体系、政策、规则、关税等方面的变化，对各国进出口的情况及趋势也有着深入的理解和分析能力。

⑤ 老板心态，创新创业精神

作为新生事物，发展跨境电商缺乏成熟的、定性的、验之有效的具体方法，每个企业的跨境电商之路都充满坎坷。高级人才只有秉持老板心态，发扬创新创业精神，敢于尝试、不断碰壁、积极学习、勇于承担才能做好跨境电商。

（三）跨境电商人才培养目标以及培养要求

1. 人才培养目标

培养具有扎实的英语基本功、宽阔的国际视野、专门的国际商务知识与技能，掌握经济学、管理学、网络营销学等相关学科的基本知识和理论，具备较强的跨文化交际能力与较高的人文素养，能在国际环境中熟练使用英语从事跨境电子商务、经贸、管理、金融等工作的复合型、应用型商务英语专业人才。

2. 人才培养要求

（1）跨文化素质是基础

要求熟悉中国传统文化，熟悉英语国家的地理、历史、发展现状、文化传统、风俗习惯，具有较好的人文素养和汉语素养，能够批判地吸收世界文化精髓，弘扬中国优秀文化。科技素质是必备素质，掌握现代化办公设备的操作技术，具有一定的从事科研活动的基本知识，了解科研活动的具体程序和方法，为今后进一步深入学习奠定良好的基础；良好的心理素质是保证，要注重培养协作能力、适应能力、社交能力和应变能力。

（2）英语语言知识与技能

掌握较强的英语听、说、读、写、译等基本技能，以及综合的英语实际运用能力。这是培养复合型商务英语专业人才的基础。具体包括语音、词汇、语法知识，听说读写技能，口笔译技能，语言交际技能和语言学习策略。主要课程有商务英语、商务英语听力、英语口语、商务英语写作、商务英语阅读、商务英语翻译、视听说等课程。

（3）商务知识与技能

为培养具有综合实践能力的复合型商务人才，本专业应使学生具有宽广的商务知识面，包括一般商务知识和专业商务知识。具体涵盖经济学知识、管理学知识、国际法知识、国际贸易知识、营销学知识、电子商务知识。开设跨境电子商务贸易实务等课程，拓宽或加深学生的专业技能，通过课堂内外的学习和操作能力培养，以及学生的社会实践和实习，全面、系统、有效地培养学生在国际贸易业务和其他国际商务活动中的实战技能。

（4）跨文化交际能力

跨文化交际能力指具备全球意识，通晓国际惯例和中外文化和礼仪，按国际惯例从事各种国际商务活动、处理各种关系、用英语沟通和完成工作。具体包括跨文化思维能力、跨文化适应能力和跨文化沟通能力。具备较强的全球视野和跨文化思维能力，保持开放的心态和对异国文化的宽容度，全面了解贸易对象国的政治、经济、历史、地理、科技、文化，对中西文化现象能进行系统分析、综合、比较和归纳；在跨文化环境下，具有较强的心理调适与灵活应对能力，能在文化冲突中适时调整心理状态，有效地克服民族中心主义、种族主义等交际障碍。在跨文化交际中，能主动降低困惑感，化解恐惧和焦虑心情、减轻压力；能得体地综合运用语言与非语言交际策略与来自世界各国的英语使用者进行高效交际和沟通，在国际化的商务环境中很成功地完成交际任务和工作；能在跨文化商务交际中正地使用交际策略表达情感与态度；能始终把握文化对交际话题的影响。

（5）网络营销能力

网络营销能力培养的是具有丰富营销知识、先进的营销理念、过硬的网络营销操作技能以及优良的职业道德品质的复合技能型营销人才。这就对学生提出了更高的要求。第一，学生需要理解网络营销相关的专业技术以及网络营销工具的特点、相关法律知识和市场营销理论知识；第二，学生要熟悉网络营销工具的操作流程，具备从事网络营销活动必需的专业操作能力和判断能力；第三，学生要具有一定的思想、职业道德、身心素质，了解并能遵守网络礼仪，具有超前的网络营销理念。这项能力要求是学生综合素质的全面体现。面对目前跨境电商巨大的人才缺口，应以跨境电商企业对人才的需求为依据，优化并完善跨境电商课程体系，校企合作，立足于培养优秀的跨境电商人才，共同培养出符合社会需要的高素质的多元型跨境电商人才。

第二节　跨境电商人才培养现状

一、我国跨境电子商务人才供求现状

跨境电子商务的发展首先离不开人才的支持，跨境电子商务人才是指具备一定电子商务操作技能、外贸业务知识和外语语言应用能力，熟悉跨境电子商务活动主体的消费理念、文化和行为，掌握跨境电子商务平台营销技巧的复合型人才。对外经济贸易大学国际商务研究中心联合阿里研究院发布的《中国跨境电商人才研究报告》中显示，七成以上企业选择跨境电商人才的专业为国际贸易，排名第二的电子商务专业占59.9%，排名第三至五位的专业依次是外语、国际商务和国际运输物流。而企业对于跨境电商人才岗位需求的分布则分别为：业务岗位占61%，技术岗位占23%，管理岗位占16%。然而，企业对跨境电子商务人才的需求和目前高校毕业生的实际情况却相差甚远。根据调研，跨境电商行业普遍认为应届毕业生解决问题的能力较差，专业知识不够扎实，同时缺乏国际视野，跨境电商企业普遍希望应届毕业生提高在交流沟通、解决实际问题和团队合作方面的能力。

作为一种新型贸易方式，跨境电子商务人才方面存在巨大缺口：一是人才存量不足；二是有经验的跨境电子商务人才更是极少。我国要大力发展跨境电子商务，迫切需要培养一批跨境电子商务专业人才，为实现"互联网＋外贸"提供强大的人才保障。国家政策上对跨境电子商务发展的大力支持，使得越来越多的企业和个人参与到跨境电子商务活动中来，社会对跨境电子商务人才需求显得更加迫切。

虽然目前有很多高校开设了跨境电子商务这门课程，参与培养跨境电子商务人才，但高校电子商务人才培养体系往往与企业经营实践相脱节，学生更多的是在课堂上学习理论知识，而非真正的电子商务实战技能，即使有部分高校有校内实训课程设置，但也缺乏跨境电子商务方面的实训，使得大量毕业生不能适应跨境电子商务企业对人才的招聘需求。

二、高职院校跨境电子商务人才培养存在的问题

（一）人才培养目标不明确

跨境电子商务和传统电子商务还是有一定的区别，不仅仅只是地域上的区别，需要学生有一个更为开阔的互联网思维，不仅对电子商务有正确的认识，还应该具备外贸和外语语言应用能力，培养的是一种应用型和复合型人才。

（二）师资队伍相对缺乏

跨境电子商务近两年才发展起来，各高职院校适应社会经济发展都增设了跨境电子商务课程，但普遍缺乏具有实践经验的专兼职教师，特别是专任教师大多没有跨境电商方面的实践经验，而校外兼职教师也是在摸索中前行，导致授课内容更多地依赖书本，而且目前国内跨境电子商务企业数量较少，可供参考与研究的案例也不多，导致跨境电子商务授课过程与实践需求严重脱节。

（三）校内外实践条件欠缺

作为高职院校来说，校内外实践环节是必不可少的，校内实践一般主要依托于相应的软件平台来实现。现有的跨境电子商务主要是以敦煌网、速卖通等平台为基础。但这些平台在合作共享上存在一定的矛盾，对学生来说要精通各个平台的运作，成本较高、效率较低。

校外实践基地目前并不完善，虽然很多的企业参与到跨境电子商务的经营中，但大多数都处于摸索阶段，并没有领悟到跨境电子商务深层次的内容，企业在跨境电子商务方面也缺乏人才支持，校企合作无法真正开展。

第三节 新冠疫情背景下应届毕业生就业政策分析

随着我国高素质人才培养的速度与规模的扩大，激化了高等教育人才在劳动力市场的供需矛盾，新冠病毒疫情对劳动力市场的进一步冲击，对 2020 年高校毕业生就业提出了新的挑战。通过集中梳理我国高校毕业生就业政策背景，从硕士研究生与专升本规模扩大、国家鼓励自主创业、全方面保护应届生就业权利等方面综合分析，深入探讨新冠病毒疫情背景下国家就业促进政策对应届毕业生就业压力的调控与舒缓作用。

一、大学生就业政策背景介绍

（一）随着教育事业的发展，高校毕业生就业供需矛盾愈发突出

20 世纪 90 年代初，随着我国各项事业的发展，社会对于教育业的重视度也越来越高，国家加快高素质的人才培养速度、扩大高素质人才的培养规模，由此进一步激化了高素质人才在劳动力市场的供给与需求之间的矛盾。为了满足国民对高等教育的需求、扩大国民对教育相关行业消费、缓解高校毕业生就业压力，国务院立足于科教兴国的基本国策与社会主义现代化建设的全局，于 1999 年做出了加快高等教育发展、扩大高校招生规模的重大决策。而随着高校毕业生数量在劳动力市场越来越接近于饱和状态，应届生就业难问题也愈渐突出，自 2003 年开始，为了积极应对高校毕业生就业问题，国家陆续出台了多项政策调控就业压力，而 2008 年国际金融危机的影响，促使国务院与各部委于 2008 年年底至 2009 年颁布的促进大学生就业的相关政策达 11 部之多。从非均衡学派的观点来看，在国家宏观调控之下，虽然应届毕业生劳动力市场整体的需求与供给数量并非完全相等，但劳动力市场已经不存在可以改变这种不相等格局的力量，因此，毕业生劳动力市场处于供需数量不一定相等的非均衡状态——也就是所谓的"非瓦尔拉斯均衡"状态。

（二）新冠病毒疫情冲击下，市场劳动力供需关系进一步失衡

2019 年末至 2020 年新型冠状病毒疫情突然暴发，疫情形势严峻。在面对疫情的冲

击下，许多企业近几个月内企业营业额均处于零增长状态，然而企业在疫情期间依旧需要给员工支付正常工资以及其他必要的成本及折旧、摊销费用，在无盈利的基础上形成了大笔的亏损。根据武汉市工商业联合会以及武汉大学中国新民营经济研究中心课题组进行的以湖北省武汉市为主的调研显示："武汉市97.21%的企业在疫情期间处于完全停产或者部分停产状态，而57.59%的受访民营企业认为企业最多能坚持存活三个月。"由此可知，疫情对于许多企业都造成了毁灭性的打击，在面临生存危机时大多数企业会选择减员缩编，从而减小企业的生产规模以应对持续亏损，以此来博得生存下去的机会。

基于各企业缩减规模的趋势，我国劳动力市场的需求也会相应地大幅度"缩水"。《第一财经日报》中"疫情影响就业，需要尽快'止血'"这篇文章的数据指出，30.4%的企业将会采取减员缩编措施来减少企业的亏损。参考2003年"非典"疫情对于国家经济的影响，由于近些年来国家服务业迅速发展，在国家GDP所占份额更大，因此新冠病毒疫情对于服务业的冲击会更强烈。服务业作为第三产业的一部分，就业弹性较大，其经济的变动对于就业的影响也较大，因此在疫情的冲击下，所造成的岗位缩减幅度也会比较大，应届毕业生就业渠道受阻，疫情向应届毕业生就业提出了新的挑战。

（三）国家从宏观层面对高校毕业生就业压力进行调控与舒缓

据教育部统计，2019年全国普通高校毕业生达834万人，2020年全国高校毕业生相比2019年将净增40万人，达到874万人的规模。而基于新冠病毒疫情对国家经济的负面影响，2020年应届毕业生也迎来了更加艰难的就业形势。在面对就业岗位时，刚进入社会、缺乏工作经历和工作技能的大学生显得更缺乏竞争力。数据显示，许多毕业生在面对实际工作薪酬与自己的理想预期薪酬差异较大时，会偏向于选择在家待业，而不是委屈自己从事不理想的工作。与此同时，受到新冠病毒疫情冲击的企业也会因为面对亏损状况而选择减员缩编，同一岗位多人竞争的情况也会加剧薪酬降低的趋势。在诸多因素影响下，高校毕业生所面临的就业问题趋向多元化、复杂化，导致失业率大幅度增加。

新冠病毒疫情的袭击，给原本通过国家已制定的就业促进政策达到相对稳定状态的大学生就业市场带来了巨大冲击，原有的政策已经不足以使得高校毕业生劳动力市场达到稳定的"非瓦尔拉斯均衡状态"，因此，需要国家重新推出新的就业促进政策来调控劳动力市场，缓和新冠病毒疫情冲击下应届毕业生的就业压力。

二、新冠病毒疫情期间国家就业促进政策分析

（一）扩大硕士研究生规模、普通高等学校专升本规模，对于国家经济增长具有正向效应

为积极应对新冠病毒疫情所造成的 2020 年高校应届毕业生就业的压力，教育部可根据高校实际招生能级，授权各高校适度增加研究生招生比重约 15%，即可以增加约 47 万在校研究生数量，相应的可以减少约 5.4%的 2020 年高校毕业生集中就业压力，减少了应届毕业生的就业需求，也减少了劳动力市场之中的劳动力供给。从劳动经济学的角度分析，我国疫情过后的劳动力市场中劳动力需求减少，导致整体的均衡就业量减少，工资率也会进一步下降，人们的生活水平下降，因此市场上劳动力的供给会进一步扩大。在基于 2019 年毕业生国内升学率 25.3%的基础上进一步扩大，那么毕业生的就业需求也会从 74.7%进一步下降。除去决定出国留学以及选择自主创业的应届毕业生，剩下的有就业需求的毕业生为 67.7%。因此，扩大国内升学的规模是有效减少就业压力的措施之一。

从地区上看，硕士研究生扩大的方向是面向东北地区和中西部地区的高校。根据中国 2019 年各省 GDP 数据，东北地区和中西部地区的经济仍处于较为落后的状态，其中大部分省份的排名均在 18 名之后，即这些地区的经济还有很大的潜在提升空间。国家面向东北地区和中西部地区扩招硕士研究生，促使通过人才流动来带动东北地区和中西部地区的经济发展，从而使得高校毕业生人力资本得到合理优化配置，进一步改善这些地区的人力资本稀缺程度，推动产、学、研、用四方面的深度融合，加快构建与未来发展和产业优化升级方向一致的学科专业体系，以此来大幅度推动当地经济的发展，提高东北地区和中西部地区的 GDP，带动劳动力市场需求增加。

从扩大升学率的具体专业来看，硕士研究生规模扩大的方向主要是面向国家战略以及民生领域急需的专业学科及相关学科，专升本规模扩大的方向主要是产业升级和改善民生急需的专业，综合两者方向来看，扩大相关升学规模均可培养出一批有助于国家整体经济发展的人才。相关研究显示，我国高校研究生规模的扩大对经济增长存在着正向的空间溢出效应，从整体上来说，区域经济发展对高校研究生数量上的需求并未达到饱和，也远未达到均衡状态，因此扩大硕士研究生、专升本规模，将丰富相关产业的人才资源，通过人才的主观能动性创造价值，给全国经济带来进一步的增长。根据奥肯定律的表述，国家经济的增长势必会降低国家失业率，带动就业率增加，从而形成"国家经济增长——失业率降低——就业率增加"的良性正循环。因此扩大应届

毕业生的升学规模不仅可以缓解当下高校毕业生的就业压力，而且也将为国家经济发展提供新的助推力。

（二）树立前瞻性思维和变革性理念，鼓励大学生自主创业

随着"互联网＋"的发展与影响愈发深远，许多新兴行业不断诞生与兴起，国家经济正向着现代化、信息化、网络化、全球化、创新化的方向不断演进，也为大学生创新创业提供了新的助推力与环境。创新作为国家经济发展的强大内驱力，得到了国家大幅度的培养与支持。基于对新冠病毒疫情的长期持续性预估，国家将会进一步降低高校毕业生自主创业的进入壁垒，将大学生创业优惠政策的理念深化至各相关部门，协同相关部门进行创业平台建设，为大学生提供经济与政策上的全方面支持，包括税收优惠政策全方面覆盖，精简审批环节，最大限度地为大学生创业提供支持和帮助。

信息技术时代下，大数据、云计算、互联网、人工智能、物联网、区块链等新兴核心技术，在快速地发展并逐渐成熟，或将成为国家经济发展的巨大推动力。通过鼓励毕业生自主创业，深度挖掘新兴技术与实体经济深度融合的可能性，为经济发展和增加就业创造更多的机会。除此之外，充分利用共享经济、平台经济、众包经济等各种新经济形态平台，支持毕业生以新就业形态、多样化的方式进行多元化创业，可满足高校毕业生多元化就业需求，从而实现人力资源的合理配置。具有供给稀缺性、组织专用性、报酬递增性、不可模仿性等多重异质性特性的创业人才，将为国家人才素质库注入新鲜血液，在全球人才竞争激烈、国际人才市场竞争战略明显呈现"高移、前移、外移"的形势下，成为国家经济未来发展的中坚力量。

（三）全方面多角度保护应届生就业权益

针对新冠病毒疫情影响下高校毕业生就业难的问题，国家全方面多角度地提出了诸多政策，切实保护应届生就业权益。如高校可延长就业签约时间，对离校未就业毕业生提供户口和档案保留服务；要求高校严格遵守就业签约工作"四不准"要求，确保数据真实准确；举办"24365 校招服务"（即全天 24 小时，全年 365 天服务不打烊），积极推动网上面试和签约的开展；开通线上就业心理咨询和就业帮扶热线；增加湖北高校就业机会，对家庭困难毕业生实行帮扶工作，保护就业权益，不得歧视疫情严重地区的毕业生。

大数据背景下，鼓励利用网络招聘平台来开展网上面试、网上签约的新就业流程，以此来极大地缩减招聘成本，提高招聘效率。一方面，对于各企业来说，利用网络平台进行招聘，可以节省招聘会开展的各项成本支出，若将这笔成本支出转化为岗位薪酬，将进一步提高企业岗位的竞争力；同时，企业也可以利用大数据技术筛选面试者，

可在很大程度上降低人力成本；同时也利于企业找到最合适的面试者，减少因人岗不匹配而损失的人力资本。另一方面，对于高校毕业生而言，网络招聘平台的利用使得他们有了更多的求职选择，也利于他们通过对所有可用信息进行信息筛选与整合，找到更适合自己的工作岗位，实现人岗匹配，减少因人岗不匹配而造成的摩擦失业。

国家要求高校延长未就业毕业生的档案保存时间至两年，可为毕业生提供更宽松的就业时间，高校毕业生可以更审慎地选择适合自己的工作，追求人岗匹配的最优状态，减少摩擦性失业与机会成本的损失。同时，对于选择自主创业的毕业生而言，档案保存时间的延长也为他们的创业计划提供了更宽松的时间保证，档案能够安全完好地保存将给予自主创业者充分的支持，为创业工作提供基本保障，便于创业工作的潜心开展。

从我国近几年的经济发展形势来看，疫情对于就业的冲击整体来说是可控的。随着全国企业逐渐复工，我国经济也正在逐步复苏。通过国家宏观政策的积极调控，逐步实施对企业的众多扶持计划和补贴政策、扩大劳动力市场的需求、刺激潜在市场消费，可以使得国家经济快速的恢复。随着经济的恢复，劳动力市场所能提供的岗位也会逐步增加，劳动力市场的需求也会随之增加，高校毕业生就业问题也会极大程度地得到调控与舒缓。

第六章　跨境电商双创型专业人才胜任素质模型

第一节　胜任力与胜任素质模型

一、胜任力的概念

自"胜任力"这个概念产生以来，得到了学术界和理论界的广泛关注，就其定义来说，到目前为止，不同的学者有着不同的看法。在诸多定义中，有些偏重特质、有些偏重行为，但却有某些共同点。首先，都是以绩效标准为参照；其次，都包括因果关系的观点，即认为胜任力是导致个人绩效的深层次的原因；最后，都不排斥个人的潜在特性或行为，把个人的行为作为胜任力的反映，将胜任力作为"特质"和行为的不同面的组合。但行为不是胜任力本身，而只是其表现形式。而且并不是所有的行为都是胜任力的表现，胜任力是其中稳定、可描述、能预测高绩效的那部分行为。

所以，不妨将"胜任力"定义为：在实际情景中能预测并能导致成功解决问题的因素和特质，即个体所具备的、能够以只在某个或某些具体职位上取得最优绩效表现的内在的稳定特征或特点。

二、胜任力模型

（一）冰山模型

一般用"冰山模型"来说明胜任力的特点，这个模型经常被看作是胜任力的一个基本模型。胜任力这座"冰山"由"知识、技能"等水面以上"应知、应会"部分和水面以下的"价值观、自我形象、个性、内驱力"等情感智力部分构成。知识技能等明显、突出并且容易衡量，但真正决定一个人的成功机会的，是隐藏在水面以下的因素，它们难以捕捉，不易测量。

（二）胜任力的通用模型

1981 年麦克伯公司的咨询顾问博亚特兹提出了一个"胜任力通用模型"。通过对2 000 名管理者进行调查研究，找到通用的胜任力特征进而建立通用模型。他认为，胜任力是"能够使管理者完成杰出业绩的那些行为"。其模型涵盖了 21 种特征，包括判断力、团队管理、记忆力、自信、主动性、责任感、毅力等。

（三）其他胜任力模型

除了一般的胜任力模型外，还有针对行业、层级、职能的胜任力模型，如经理人胜任力模型，就是根据高绩效的管理者的行为而制定的。

三、胜任力模型的意义

利用胜任力分析法构建起来的某种岗位的胜任力模型，对于担任该种工作所应具备的胜任力及其组合结构进行了明确的说明，成为从外显到内隐特征进行人员素质测评的重要尺度和依据，从而实现人力资源的合理配置。胜任力模型可以应用在人力资源管理活动中的很多方面，可以说是现代人力资源管理的新基点。

（一）工作分析

传统的工作分析注重工作的组成要素，而基于胜任力的分析，则主要是研究工作绩效优秀的员工，突出与优秀绩效相关联的特征及行为，结合这些特征和行为（即胜任力）定义这一工作或岗位的职责内容。因而，它具有更强的工作绩效预测性，能够更有效地为选拔、培训员工以及员工的职业生涯规划、薪酬设计等提供参考标准。

（二）人员选拔

传统的人员选拔一般比较重视考察人员的知识、技能等外显特征，即所谓的"KSA"组合，而没有针对难以测量的核心动机和特质来挑选员工。一旦挑选的人员不具备该岗位所需要的深层次胜任力，而改变该员工的深层特征不是简单培训可以解决的问题，对于企业来说将是重大的失误与损失。

相反，基于胜任力的选拔正是帮助组织找到具有核心动机和特质的员工，既避免了由人员挑选失误所带来的不良影响，也减少了组织的相关培训支出。尤其在为工作要求较为复杂的岗位挑选候选人时，在应聘者基本条件相似的情况下，胜任力模型在预测优秀绩效方面的重要性就显得尤为重要。

（三）绩效考核

胜任力模型的本质所在就是找到区分优秀与普通的指标，因此以它为基础而确立的绩效考核指标，正是体现了绩效考核的精髓，能真实地反映员工的综合工作表现。让工作表现好的员工及时得到回报，提高员工的工作积极性。对于工作绩效不够理想的员工，可通过培训或其他方式帮助员工改善工作绩效。

（四）员工培训

培训的目的就是帮助员工弥补不足、达到岗位要求；所遵循的原则就是投入最小化、收益最大化。基于胜任力分析，针对岗位要求结合现有人员的素质状况，可以为员工量身定做培训计划，帮助员工弥补自身"短木板"的不足，有的放矢地突出培训重点，从而提高培训效用，取得更好的培训效果。

（五）员工激励

依据胜任力模型来设计岗位评价因子，更能保证薪酬的内部公平感和接受性。同时，通过建立胜任力模型能够帮助企业全面掌握员工的需求，有针对性地采取员工激励措施。

四、胜任素质模型

1973 年，哈佛大学著名心理学家大卫·麦克利兰（David McClelland）《测量胜任素质而不是智力》一文的发表，标志着胜任素质模型的正式提出。麦克利兰认为，传统的性向测试和知识技能测试不能预测一个人在从事复杂工作和高层次职位工作的绩效，不能预见其未来能否取得成功，而且对某些特定人群（如少数民族）还存在不公平性。为了解决这一缺陷，麦克利兰通过采用行为事件访谈法开发出了胜任素质模型。根据胜任素质的冰山模型，决定一个人成功与否的关键，不仅有浮于水面之上的知识和技能，更重要的是有浮于水面之下的态度、自我形象、价值观、动机和个性等素质，即人们通常所说的"潜能"。浮于水面之上的知识和技能，易于被感知，可以从一个人的简历中获知；而浮于水面之下的"潜能"部分，则不容易被挖掘和感知。这里，知识、技能、态度、自我形象、价值观、动机和个性等，就是胜任素质，它们共同构成胜任素质模型的要素。胜任素质，不仅是判断一个人能否胜任某项工作的重要依据，也是区别并判定绩效优劣差异的个人特征。这些正是组织人力资源开发管理的关键和重要环节，因而受到了广泛关注。

五、高职院校进行人才培养模式优化的必要性

（一）高等教育以就业需求为导向发展的必然要求

以就业为导向就是以市场对人才需求为指导，将高等教育与科技、经济发展紧密联系起来，不断培养能满足市场经济发展需要的高素质人才，以推动社会经济发展为准则，为高等教育的生存与发展赢得空间。

（二）高等教育培养高素质人才的前提

通过建立人才培养素质的胜任力模型，区分并明确导致同一专业素质优秀人员与普通人员存有差异的原因，从而为学生步入社会、胜任工作岗位以及取得优异绩效提供帮助，促进人才素质整体提升。

（三）为人才筛选提供参考

每所高职学院虽然所处的地理位置、文化传统、社会环境有所不同，但从事同一专业的绩优标准以及支撑该绩优标准的胜任力要求，都具有一定程度上的通用意义。所以，建立以胜任力模型为基础的专业人才素质结构，可为各地人才培养质量进行比较提供重要参考。

第二节　构建人才胜任素质模型的原则与方法

一、人才胜任能力模型构建的思路与原则

（一）人才胜任能力模型构建的思路

通过对专业对应的岗位全方面、多角度、多层次的调研，分析相关岗位工作任务要求，明确相关岗位的知识、能力和素质，设计学习任务，提炼职业胜任能力，建立

职业胜任能力的模型，为学生的能力发展明确目标和标准。

（二）建立人才胜任能力模型的原则

判断人才胜任能力的唯一标准，就是能否显著区分适应岗位的能力（或学生学习效果）。

判断人才胜任能力能否区分适应岗位的能力（或学生学习效果），必须以客观数据为依据。

建模后实施成功可能性高，有资源保障建模实施。

二、建立人才胜任能力模型的方法

主要采用行为事件访谈及问卷调查的方式，对对外贸易电子商务的相关职位进行研究，收集、分析、整理了资料中对跨境电商人才胜任力的要求，确定跨境电商人才胜任素质特征要素，并编制问卷调查表。调查对象为随机抽取的湖南和湖北 50 家从事电子商务相关业务的单位，调查内容为"跨境电子商务专业人才最应该具备什么素质"。问卷调查表共回收 48 份，回收率 96%，问卷有效率是 100%。

第三节　人才胜任能力模型构建的内容及流程

一、人才胜任能力模型构建的内容

对这些问卷调查表进行归纳汇总，提取出了"创新创业"跨境电商人才胜任力的 5 个维度、17 个特征：一是外文能力中的外文书面表达能力、外文沟通能力；二是国际贸易知识能力中的外贸流程熟悉度、国际贸易法规熟悉度和跨境电商专业知识的熟悉度；三是电子商务能力中店铺商品设计能力、在线交易流程熟悉度、客户服务能力；四是市场营销能力中的客户需求分析能力、海外零售市场敏锐度、网络渠道营销创新能力；五是综合职业素养里的企业管理能力、心理素质能力、团队协作能力和创新创业能力。事件访谈及调查问卷所涉及的原始信息（见表 6-1）。

表6-1 事件访谈及问卷调查原始信息

岗位能力需求	人才胜任素质特征描述（大类及细则）
外文能力	1. 外文书面表达能力：能够在外文门户及相关网站获取最前沿资讯，能够使用流畅地道的外文对所售产品进行描述 2. 外文沟通能力：能够使用外文与国外买家实时在线沟通交流 3. 跨文化交际能力：能够具备跨国度不同文化背景下的沟通能力
国际贸易能力	4. 外贸流程熟悉度：国际贸易的相关规则、具体操作、交易先后程序、国际快递流程 5. 在线交易流程熟悉度：充分了解国际国内法规政策，以保证交易的合法性及双方的利益 6. 跨境电商专业知识熟悉度：熟练掌握与跨境电商岗位行业相关的专业知识
电子商务能力	7. 网站编辑能力：熟悉网站架构设计，电子商务网站的查找，推广信息的发布技巧 8. 店铺商品设计能力：熟悉店铺商品拍摄、图片处理、产品设置 9. 商品交易流程熟悉程度：熟悉商品价格设置、产品发布、在线交易流程 10. 客户服务能力：商品下单后的支付与配送、售前与售后服务
市场营销能力	11. 客户需求分析能力：熟悉客户实际需求，并能根据需求准确判断其购买意向 12. 海外零售市场敏锐度：实时掌握所售商品海外市场资讯，对最新数据进行分析处理并给出预测支持信息 13. 网络渠道营销能力：熟练掌握各种网络营销渠道如互动论坛营销、微博微信等即时通信营销、邮件营销等
综合职业素养	14. 心理素质能力：在竞争激烈且劳动强度高的环境下，要有良好的抗压能力 15. 团队协作能力：具备良好的团队协调协作能力 16. 企业管理能力：具备企业管理、企业品牌维护等能力 17. 创新创业能力：具备跨境电商平台开店创业能力

二、人才胜任能力模型构建的流程

（一）原始数据整理

对问卷表中的15个特征数据分别进行整理，可以看出各个被抽取公司所关心的跨境电子商务人才应该具有的胜任素质，以及这些特征所占重要程度的比重（见表6-2）。

表6-2 对跨境电商人才胜任素质特征描述及重要程度分布

	公司认同数量	百分比认同特征
1. 外文书面表达能力	44	91.67%
2. 外文沟通能力	48	100%
3. 外贸流程熟悉度	39	81.25%
4. 在线交易流程熟悉度	45	93.75%
5. 跨境专业知识熟悉度	45	93.75%
6. 店铺商品设计能力	43	89.58%

	公司认同数量	百分比认同特征
7. 客户服务能力	40	83.33%
8. 网站编辑能力	22	45.83%
9. 客户需求分析能力	35	72.69%
10. 海外零售市场敏锐度	37	77.08%
11. 网络渠道营销能力	44	91.67%
12. 企业管理能力	26	54.17%
13. 良好的心理素质	35	72.69%
14. 团队协作能力	41	85.42%
15. 创新创业能力	45	93.75%

（二）样本数据研究

对采集归纳的数据样本采用标准差值比较法来进行分析研究。在实际运用中，标准差常被理解为稳定性，若其值越小则平均数越稳定，代表性强；若其值越大则平均数稳定性越小，代表性也差。它代表对应变量的重要程度，适用于胜任力素质各变量中最应具备素质变量的确定。标准差的观念是由卡尔·皮尔逊引入到统计中，在概率统计中最常使用作为统计分布程度上的测量，它用来描述样本数据的离散程度，即样本数据到平均数的一种平均距离。标准差是一组数据平均值分散程度的一种度量，较大的标准差和其平均数之间差异较大；较小的标准差代表其更接近平均数。计算标准差步骤为：第一步，计算平均数；第二步，计算标准差。

（三）结果分析

对表 6-2 进行观察和分析，我们发现沟通能力是各单位最为看重的，所占比重达到 100%，说明沟通是发生贸易往来的基础；其次是在线交易流程熟悉度、跨境专业知识熟悉度、创新创业能力，这是进行电子商务的基础，重要度占到 93.75%；与沟通相匹配的外语读写应用能力，它与网络渠道营销能力紧随特征二之后，认同数量 44、百分比 91.67% 完全相同，表明这两个特征不可或缺，重要度所占比重相同，是跨境电商人才必备技能；客户服务能力、店铺商品设计能力、团队协作能力的认同数均超过 40，百分比在 85% 左右，说明这三者是完成整个电子国际贸易流程里必须具备的关键技能；而认同数量在 30 及以上的外贸流程熟悉度、海外零售市场敏锐度、良好的心理素质这三种特质也是对关键技能的必要支撑；其他技能则是围绕以上能力并对其进行完善的补充能力。

表6-3 胜任素质变量的平均数和标准差

胜任素质特征变量	有效数据	平均重要度	标准差
外文书面表达能力	48	3.38	0.22
沟通能力	48	3.69	0
外贸流程熟悉度	48	3	0.49
在线交易流程熟悉度	48	3.46	0.16
跨境电商知识熟悉度	48	3.46	0.16
客户服务能力	48	3.08	0.44
店铺商品设计能力	48	3.31	0.27
网站编辑能力	48	1.69	1.41
客户需求分析能力	48	2.69	0.71
海外零售市场敏锐度	48	2.85	0.6
网络渠道营销能力	48	3.38	0.22
企业管理能力	48	2	1.2
良好的心理素质	48	2.69	0.71
团队协作能力	48	3.15	0.38
创新创业能力	48	3.46	0.16

被问卷调查单位对归纳的 15 项跨境电商人才胜任素质的认同比重如表 6-3 所示：外文书面表达能力、沟通能力、店铺商品设计能力、在线交易流程熟悉度、网络渠道营销能力、跨境电商知识的熟悉度和创新创业能力这 7 种能力是一般跨境电商人才必须具备的基本职业素质，其平均重要度都在 3.3 以上，标准差值也很小，均在 0.27 以内，稳定性好，代表性强；客户服务能力、团队协作能力平均值稍弱，标准差值也小，代表其稳定性较好，跨境电商客服岗位重要性强、需求量大，学校在培养相关专业人才时，对学生这两种胜任素质能力的培养应加大力度；网站编辑能力、企业管理能力这两种能力相对而言是最不被重视的素质特征，平均值都很小，标准差都很大，稳定性很差，这反映出目前外贸市场主体对跨境电商人才要求的态度。然而国际市场形势复杂、瞬息万变，对跨境电商人才的这种基本要求已经不足以应对这种挑战，为了适应新形势，高职院校应紧跟当地经济动向发掘创新创业潜力，在大力培养普通电商人才的同时还需要有针对性、有方向性地设计与跨境交易相关专业课程和社会实践，聘请相关企业管理者担任兼职讲师或开设讲座以便与市场接轨，培养出有专长的高端跨境电商人才，从而实现产学研相结合达到学校服务社会、知识服务经济的目的。

第四节　跨境电商双创型人才胜任素质模型

通过行为事件访谈和问卷调查方法收集样本，进行分析归纳，最终得出 5 个维度 15 个跨境电商专业人才胜任素质特征，根据这些素质特征，构建了跨境电商创新创业专业人才的胜任素质模型（如图 6-1）。

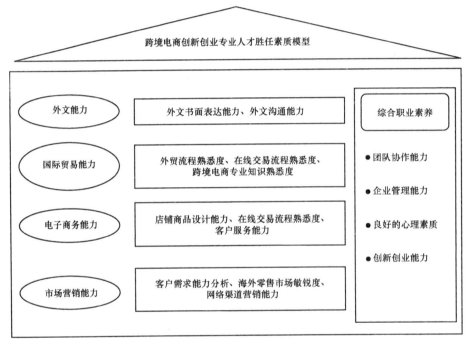

图 6-1　跨境电商创新创业型人才胜任素质模型

第七章 创业人才的创新意识与创业技巧

第一节 创新意识的培养

一、创新意识的含义

创新意识是指人们根据社会和个体生活发展的需要，引起创造前所未有的事物或观念的动机，并在创造活动中表现出的意向、愿望和设想。它是人类意识活动中的一种积极的、富有成果的表现形式，是人们进行创造活动的出发点和内在动力，是创造性思维和创造力的前提。

创新意识包括创造动机、创造兴趣、创造情感和创造意志。创造动机是创造活动的动力因素，它能推动和激励人们发动和维持进行创造性活动。创造兴趣能促进创造活动的成功，是促使人们积极探求新奇事物的心理倾向。创造情感是引起、推进乃至完成创造的心理因素，只有具有正确的创造情感才能使创造成功。创造意志是在创造中克服困难、冲破阻碍的心理因素，创造意志具有目的性、顽强性和自制性。

创新意识与创造性思维不同，创新意识是引起创造性思维的前提和条件，创造性思维是创新与意识的必然结果，二者密不可分。创新意识是创造性人才所必须具备的。创新意识的培养和开发是培养创造性人才的起点，只有注意从小培养创新意识，才能为成长为创造性人才打下良好的基础。教育部门应以此作为教育教学改革的重点之一，一个具有创新意识的民族才有希望成为知识经济时代的科技强国。

二、创新意识的作用

（一）创新意识是决定一个国家、民族创新能力最直接的精神力量

科学的本质就是创新。每一次科学技术的进步都是通过创新实现的。迅猛发展的科学技术对人类社会产生了广泛而深刻的影响。创新意识推动社会生产力的发展。创

新使人们的生产工具和生产技术不断更新，劳动者的素质迅速提高，开辟出更为广阔的劳动对象，极大地推动了社会生产力的进步。今天，创新能力实际就是国家、民族发展能力的代名词，是一个国家和民族解决自身生存、发展问题能力大小的最客观和最重要的标志。

（二）创新意识促成社会多种因素的变化，推动社会的全面进步

创新意识根源于社会生产方式，它的形成和发展必然进一步推动社会生产方式的进步，从而带动经济的飞速发展，促进上层建筑的进步。创新意识进一步推动人的思想解放，有利于人们形成开拓意识、领先意识等先进观念；创新意识会促进社会政治向更加民主、宽容的方向发展，这是创新发展需要的基本社会条件。这些条件反过来又促进创新意识的扩展，更有利于创新活动的进行。

（三）创新意识能促成人才素质结构的变化，提升人的本质力量

创新实质上确定了一种新的人才标准，它代表着人才素质变化的性质和方向，它输出着一种重要的信息：社会需要充满生机和活力的人、有开拓精神的人、有新思想道德素质和现代科学文化素质的人。它客观上引导人们朝这个目标提高自己的素质，使人的本质力量在更高的层次上得以证实。它激发人的主体性、能动性、创造性的进一步发挥，从而使人自身的内涵获得极大丰富和扩展。

三、创新意识的主要特征

（一）新颖性

创新意识是求新意识，或是为了满足新的社会需求，或是用新的方式更好地满足原来的社会需求。

（二）社会历史性

创新意识是以提高人们的生活水平需要为出发点的，而生活水平包括物质和精神两个方面。在很大程度上，会受到具体的社会历史条件制约。创新意识激起的创造活动、产生的创造成果，是为人类进步和社会发展服务，因此必须考虑社会效果。

（三）个体差异性

创新意识的产生，受人们的社会地位、环境氛围、文化素养、兴趣爱好、情感志

趣等因素的影响，同时这些因素又具有个体差异性。因此对于创新意识既要考察社会背景，又要考察其文化素养和志趣动机。

四、创新意识的培养途径

创新意识是创造的前提和关键，没有创新意识的人难以产生创造性思维，培养创新习惯首先要培养创新意识。

创新意识包括发现问题意识、怀疑意识、捕捉机会和灵感的意识、抗挫折意识、独立思考意识、合作意识等。创新意识的培养，实际上就是关于创新、创造中的非智力因素的培养。非智力因素是可以后天培养的，其可以在创新和创造中起到发酵的作用。培养创新意识可以从以下几个方面入手。

（一）克服习惯心理，培养发现问题的意识和怀疑意识

发现问题意识是鼓励人们在日常的生活、学习中遇事要多问为什么，不放过任何一个怀疑点，面对怀疑点要爱琢磨、爱钻研，养成勤学好问的好习惯。巴尔扎克说："问号是开辟一切科学的钥匙。"发明创造始于问题，问题就是矛盾，有了需要解决的问题进而才会思考，学习才有主动性。思维是由矛盾引起的，问题是矛盾的表现形式，在学习中不存在疑问是学习不深入的表现，能提出问题都是肯动脑筋的结果。现实生活中人们对很多现象熟视无睹，而有的人却能善于观察，多问几个为什么，从而发现问题，有所创造。成熟的苹果落地了，大家认为这一现象再平常不过，牛顿却对这一现象发问，最终发现了万有引力。烧开的水把锅盖顶了起来，这一现象司空见惯，瓦特却从中受到启发，最终发明了蒸汽机。多留心观察事物，凡事多问为什么，就能有所发现，有所创造。

怀疑意识与发现问题意识有相通之处，但怀疑意识更强调对权威的挑战以及对书本、对老师、对标准答案的不盲从。怀疑意识是辨伪去妄的钥匙，也是创立新学说、启迪新思维的重要手段。如果人们把权威奉为神明，认为标准答案准确无误，即使有问题也不敢怀疑，那么这些想法都将成为创新过程中的障碍。可见发现问题意识和怀疑意识对学习和创新是多么重要。

（二）克服惰性心理，培养捕捉机遇、灵感意识

机遇是指在某些特定的事物进程中出现的偶然事件，机遇往往具有意外性。灵感是指研究者在创造活动中所出现的豁然开朗、思路突然贯通的顿悟状态，其具有随机性、不可预见性、瞬间性。机遇和灵感在创新活动中具有重要作用，常常是创新突破

的导火索。善于捕捉机遇和灵感，是一个人创新能力的重要体现。但机遇和灵感只亲近有准备的头脑，它们是深思熟虑的必然结果，其偶然性中有必然性，只有热烈而顽强地致力于创造性地解决问题，机遇和灵感才会光顾。另外，要有善于捕捉机遇和灵感的意识，否则，哪怕灵感出现的次数再多，也会白白错过。要克服惰性心理，当灵感的火花闪现时，要及时追踪记录，当机遇来临时，要认真观察、反复思考，否则，灵感和机遇就会稍纵即逝，再也找不回来了。培养捕捉机遇和灵感的意识，需要强化我们的观察能力和判断能力，对一闪而过的新想法要及时捕捉，记录在案，对偶然的新发现要进行认真的研究，并从中受到启迪，从而有所创新。

（三）克服依赖和盲从心理，培养独立意识和自主意识

创新具有求异性，是不同于其他人的想法或者已有的事物。因此，培养创新意识，要注意培养独立意识和自主意识。独立意识要求我们在钻研问题的时候不依赖别人，不盲从，不附和，要有独立的思考能力并对问题有独到的见解。自主意识则包括对自我激励、自我控制和自主发展意识。人们依靠自己的意志而不是受外界的控制，把注意力集中到所选择的事物上，并且克服困难、百折不挠，这实际上就是自我激励、自我调控。

（四）克服恐惧心理，培养风险意识

人们常把创新看得很神秘，认为那是科学家的事；也有的人对创新怀有恐惧心理，害怕非议，更害怕挫折。其实创新并不神秘，人人都具有创新的能力。潜在的创新力是沉睡在人身上的一股力量，若是不被唤醒就会萎缩乃至泯灭。但是，由于创新是在走前人没有走过的路，因此难免会遇到困难，遭受挫折。科学发明也是有风险的。恩格斯说过：科学是一条崎岖的山路，没有平坦的路好走，只有不怕坎坷的人，才有希望到达光辉的顶点。所以要想有所创新，就要有一定的风险意识和冒险精神，要有克服困难的勇气和百折不挠的意志，畏首畏尾的人是不可能有创新的。

（五）克服封闭心理，培养开放合作意识

在知识爆炸的时代，一个人的知识再丰富也相对有限，要进行创新，光靠个人的力量有时极难完成任务，人们必须学会协作。合作意识在现代创新中显得越来越重要，我们经常会遇上这样的情况：一些单靠个人很难完成的任务，只要几个人协作就能很轻松地完成。所以，有意识地培养自我的团结协作精神，可以在创新的过程中达到事半功倍的效果。

第二节　创业技巧的塑造

"社会阅历和经验不足"是大学生获取创业成功面临的最大挑战。虽然大学生的实践经验无法与职业人相提并论，但大学生创业者可以通过学习和掌握前人创业过程中的一些技巧，少走弯路。就创业技巧与创业方法比较而言，创业方法更多体现在方向性的指导，而创业技巧则是实战性较强的技术和工具。因此作为大学生创业者，不仅要找对创业方法，还要用好创业技巧。

一、寻找商业机会的技巧

市场需求自身创造着商业机会。大学生创业者在寻找商业机会的同时，商业机会也在寻找着创业者。因此，寻找商业机会的技巧就成为大学生创业者在竞争中脱颖而出的关键。

（一）分析环境，寻找创业商机

从环境中发现创业商机，是大学生创业者的出发点。一般来说，环境可分为创业的一般环境和具体环境。

创业的一般环境通常是指创业者所处的宏观或中观（行业）环境，可从政治、经济、社会和技术四个方面进行划分。创业的具体环境通常是指创业者所处的微观环境，一般从供应商、顾客、竞争者、政府和公众压力集团五个方面来进行分析。环境既蕴涵着无限的商机，也隐藏着一定的威胁，大学生创业者要能够适应宏观、微观环境的要求与变化，充分利用环境提供的机会，小心规避环境中的风险与威胁，并从分析环境的机会与威胁中发现创业商机。

有些大学生创业者认为创业刚起步，宏观环境与自己相距甚远，其实并非如此。假设要开办一家小食品厂，当得知"中国人吃什么才安全？"已成为国家当前关注的民族安全政治问题时，那么生态、绿色食品就将会成为时下的商机和最好的卖点。

（二）调查研究，寻找创业商机

调查研究是发现创业商机的前提与基础，没有深入实际的市场调查和社会调查，就不会发现与环境相容且满足顾客需要的商机。调查研究不能走马观花，要深入实际、下马观花，要"一看二想"。只想不看，不做市场调研，凭想当然，十有八九会因不能满足顾客的需要而失败。只看不想，缺乏深入的分析，仅凭看到的表面现象就得出"无市场"或"市场巨大"的结论未必可行。调查与研究缺一不可。大学生创业者既要对市场需求进行调查研究，又要对社会进行调查研究，不仅从调查中得出关于产品设计财务核算和生产规模等相关信息，而且还要研究出相应的经营对策在经营的区域范围，有目的地进行社会调查和市场调查，是创业者必须具备的发掘创业商机的一个基本方法，是创业活动的成事之基、谋事之道。直接收集与创业有关的真实资料，并对所得资料进行认真整理、深入分析，发现市场状态及其变动规律，是发现创业商机的重要依据。通过调查研究，寻找创业商机的技巧如下。

1. 观察

观察即对事物进行仔细地察看和了解。观察主要是用眼睛看。例如，准备在一条200米长的街面上开一家饭店，那么就应该在这条街上至少来回走上100趟，反复观察这条街的整个环境、结构、布局、现状、联系相关因素等每一个细节。而且每走一趟都力求有新的发现和新的问题，都要对商机的发现和项目的选择有帮助。比如，顾客的状况、竞争者的状况、公众的状况、街区环境的状况等，发现其中所蕴藏的商业机会，并把这些记录下来，作为创业思路和备选项目的依据。

2. 体验

体验即通过亲身实践来认识周围的事物。俗话说："不尝梨子就不知道梨子的滋味"，体验是比观察更深入一步的调查研究。观察主要是用眼睛捕捉商机，体验则主要用自己身体的感受去捕捉商机。多数创业者对自己发现的创业商机和选择的创业项目往往具有强烈的偏爱，对不曾经历过的事情往往缺乏准确的把握和认识，或觉困难、或觉容易，事实上，这种偏爱是不可靠的。大多创业者都有过不成功的经历，那些看似浅显和认为应该成功的项目，从事后才发现不像想象的那样简单。正所谓"出水方见两脚泥"，只有亲自实践才能体验到事物的本质和内涵。例如，只有到相同的饭店去品尝厨师的手艺，才知道厨师菜肴的风味和魅力；只有去体验他们的服务质量，才知道招聘和培训服务员的重要性；只有去参与促销活动，才能够掌握促销活动的实际作用和效果等。

3. 询问

询问即打听或征求意见。询问不是自己直接去看或体验，而是了解他人的看法和感受。观察和体验所得到的结果是亲眼所见或亲自感受，无疑是客观事实，但自己的知觉未必就是消费者和竞争者的知觉。因此，大学生创业者还要向有创业经验的亲朋好友请教和询问、向相关的顾客询问、向周围的公众询问、向其他业主询问。无疑，询问对象的经验、看法、意见与建议会帮助大学生创业者评判所确立的商机正确与否，使自己少走弯路。

4. 换位

换位即转换自己的位置，从项目关系人的位置和利益对商机进行调查研究。换位不仅是调查研究的方法，更是发掘商机的一种技巧。创业项目是否具有商机，来自于外部（包括顾客、竞争者、供应者和公众等）的需求与认可。可以说，创业是为他人选择项目，而不是给自己选择项目。因此，在进行创业机会调查研究时，就不能仅从创业者的一厢情愿出发，而应该站在顾客、竞争者、供应商和公众等的位置，从他们的角度和利益出发，运用观察、体验和询问去进行调查和收集第一手资料。换位调查研究的理念，在一定意义上说是确认创业商机成败的关键。

（三）挖掘热点，寻找创业商机

从产品市场的发展规律来看，由潜在的市场变为现实的产业化市场，大致分为以下五个主要步骤。

第一是种子市场阶段。消费者对尚未存在的东西具有的需要和欲望，形成种子市场。例如，我国近年来出现的私有高档住宅和小区，催生了业主们期望有人为他们"看家护院"的需求和欲望。

第二是市场具体化阶段。推出适合潜在市场的产品或服务，导致市场的具体化。例如，中国物业的出现。

第三是市场扩展化阶段。跟进者的行为，使市场得以扩展。例如，我国多种形式的物业公司的出现。

第四是市场独立化阶段。市场被跟进者占满以后，新产品就需要高度独特化，市场出现分裂。例如，满足业主不同需要的各类物业服务的出现。

第五是市场再结合阶段。市场走向再结合。例如，我国目前正由房地产商为主体的物业销售模式转变为由业主为主体物业购买模式，以及提供各类独特业务的物业公司。

从这个产品市场发展的过程来看，创业最容易成功的时机是在市场具体化和市场再结合这两个阶段。因为在这两个阶段变化最为剧烈，产品市场最热，剧烈的变化则蕴涵着商机，蕴涵着新的需求，也就蕴涵着创业项目。因此，大学生创业者要善于在热点产业旁边积极寻找创业商机，依照变化会产生热点，热点会产生机会的规律，除了产业热点外，还有社会热点现象。社会热点又分为社会时尚和社会趋势两类。创业者要特别关注那些具有大趋势性质的社会热点现象，这些热点往往导致了新需求和新商机的诞生。我国目前具有许多大趋势性质的社会热点现象，例如：社会老龄化产生的老年需求热、独生子女产生的校外特长教育需求热、环境污染产生的优良环境需求热、食品安全问题产生的绿色食品需求热、下岗失业问题产生就业需求热和网络时代到来产生的网络游戏热等。类似的还有单亲家庭问题、城市扩大与农民转入城市问题、个体创业现象、国外求学等。这些热点旁聚集着庞大的消费人群，他们有着共同需要，提供满足他们需要的创业项目是他们的期盼。

（四）发现不满意，寻找创业商机

几年前，中央电视台"同一首歌"节目一炮打响，如今已经火了几年了，成为全国人民喜闻乐见的好节目。为什么"同一首歌"节目如此受欢迎呢？因为"没有什么东西比歌曲的代沟更强烈了"，正所谓"一代人（唱）听一代人的歌"，在歌曲演唱和欣赏上，从来都是"隔代如隔山"。中央电视台年轻导演孟欣恰恰看准了人们对歌曲"代沟"的不满意，将不同时代的歌曲在同一个舞台上进行了重现、反串、送戏、应时等，很像福建传统的一道菜——"大杂烩"，这种表演方式满足了各时代的人们对歌曲的需要，无论是观众还是歌手都举双手赞成。"同一首歌"节目是针对人们对歌曲代沟的"不满意"所进行的产品创新，它的卖点正是这一"不满意"给予的商机。不满意可能产生商机，在不满意中能够发现大量的创业商机。其实，生活中有太多的不满意。大学生创业者要成为不满意的有心人，进而从不满意中挖掘到创业商机。

二、获取创业资源的技巧

（一）借船出海，依附大企业成长

相对于独立生存能力强的大公司而言，大学生创业初期的孤军作战能力较弱，很多企业长期处于"巨人"的阴影下，难以得到长足的发展。大学生创业初期可适当选择一些可以"依附"的大企业，取长补短，帮助自己的企业顺利成长。这里所说的"依附"是指参与大型企业集团的生产经营，作为大型企业经营网络中的一个重要环节或节点，它们处在大型企业的松散层，与大型企业集团只是生产经营上的联系，仍然享有较大经营自主权，并可以同时依附几家不同的大型企业集团。渔夫如果只在海边撒网，是无法捕捞到大鱼的，但他可以选择一艘渔船，借船出海捕捞大鱼。大企业有畅通的产品流通渠道，有庞大的客户群体，就像一条稳固的大船。而大学生创业者无论在资金、技术方面，还是在人力资源和管理经验等方面都存在许多的不足，就像海边的渔夫。如果大学生创业者能够找到与大企业的利益结合点，与他们结成战略联盟，借大船出海，也可以随同捕到大鱼，获得丰厚的利润。

我国沿海的许多中小企业，在短时间内迅速崛起，采用的正是依附成长的策略，通过为大型企业提供相关配套产品，达到出口的目的，赢得了利润。这类性质的合作，对于大型企业来讲，在企业出口产品中有小企业的附加产品，增强了其在国际市场上竞争能力；对于小企业，在大型企业产品出口时，自己的产品也随之出口国外，获取了利润。此外，双方还可通过代加工生产的方式，为某些跨国大公司定牌生产，借助跨国大公司的强大销售网络打入国际市场，或者与外商合作，借助外商的资金、技术渠道和管理，搭乘"顺风车"，进而提升品牌影响力，借势发展。大学生创业者通过借船出海获取创业资源，就需要清楚地意识到共享渔利是依附成长的前提。只有找准双方利益的切合点，才能实现双赢。

（二）找准"火车头"，学会做"追随者"

选择扮演"追随者"角色并非就是甘居人后，而是可从"追随者"角色中尝到更多的甜头，从而使大学生在创业初期就可以借"蹭车"获得利润。学会扮演"追随者"角色，是一种选择，是生存的需要。大学生创业的初期，资金有限，实力捉襟见肘，技术和人才资源不足，如果不善于学会做"追随者"，单凭雄心勃勃、豪言壮语、大干快上的"创业激情"，那无疑是不自量力，以卵击石。

不当"火车头"，就是人无你有的不要做。当年万燕在看到 VCD 行业的巨大市场后，作为一家初创企业，敢为人先，投入大量的人力、物力、财力用于研发及生产，誓做 VCD 行业的"火车头"，结果企业发展步履维艰，市场利润却被步步高、爱多等企业瓜分了。生存第一，对于小企业来说，"慢半拍"才是捷径。大学生创业之初，在新产品开发中，由于受到了资金、技术力量、人才储备等诸多因素的制约，新产品开发较难付诸实施，很难尽快形成规模和生产效益。而有些中小企业本无"先人一步"的能力，却盲目自信地冲锋陷阵，不仅在新产品开发上没有形成气候，投入市场后也难免存在各种缺陷，这常常会使企业陷入困境。"先人一步"必须具备一定的实力，而"慢人半拍"也非无能。尤其对那些技术力量单薄、资金欠雄厚、技术人才缺乏的初创企业来说，更应当三思而后行。大学生创业者在开发新产品的时候，创造良好的经济效益关键不在于快慢，而在于抓准、抓住开发新产品的"时间差"，打出好的"落点"，从他人的产品中吸取优点和长处，不断地改进自己的缺点和不足，扬长避短，在市场上唱出后发制人的好戏。对于大学生创业者来说，不做"火车头"却要准确寻找"火车头"，找对新兴的市场，找对利润的方向，可以及时搭乘，去迎接"开门红"的到来。

（三）把握机会，拓展人脉资源

在创业过程中，大学生创业者要学会拓展人脉资源，培养自信，掌握沟通技巧。

每个人都有一套积累人脉的方式，提升人脉竞争力有许多技巧，前提是个人必须首先具备自信与较强的沟通能力。大学生创业者要善于学会把握机会，抓住一切机会去培育人脉资源与关系。如在婚宴场合，可以在出发前先吃点东西，并提早到场，因为婚宴场所是认识更多朋友、获取人脉资源的大好机会；在外出旅行过程中，要善于沟通与交流，沟通过程中要主动了解他人的需要、渴望、能力与动机，并给予适当的反应，同时要学会倾听并适时进行赞美。

在拓展人脉资源的过程中，大学生创业者更要注意人脉的深度、广度和关联度。人脉的深度即人脉关系纵向延伸的情况，达到了什么级别；人脉的广度即人脉关系横向延伸的情况，范围（区域与行业）有多广；人脉的关联度指人脉关系与个人所从事行业的相关性和人脉资源直接的相关性。人脉资源既要有广度和深度，又需要关联度，大学生可利用同学、朋友或他人的介绍去拓展人脉资源，需要关注成长性和延伸空间，不要出现人脉"短视"现象。

第三节　核心技能分析与实现路径

一、跨境电商双创型人才核心技能分析

适应跨境电商发展的外贸人员需要有良好的职业道德、敬业精神、团队合作和责任意识，具有跨境电子商务综合职业能力，能运用各类跨境电子商务平台从事国际贸易、跨境营销、跨境推广、跨境客服、英文文案、网站策划、英文产品内容编辑等第一线工作技能。因此，从事跨境电商的外贸人员必须具备以下专业技能。

（一）外语沟通能力

具有良好的英语口语和写作能力，能用英语进行日常沟通和业务活动，如网站推广、网络营销、跨境平台操作、跨境客户服务工作。此外，跨境电商属于跨境零售业，为了吸引更多来自不同国家的普通消费者，各大跨境电商平台应提供除英语以外的其他语言服务。如果从业者能精通俄语、西班牙语、阿拉伯语和其他小语种，并能了解这些国家的风土人情，将是一个很大的竞争优势。

1. 当前高职英语教育外语沟通能力培养现状

教育家 Thomas（1983）将外语沟通能力定义为："为了实现某一特定目标有效使用语言的能力和在语境中理解语言的能力。"这里包括了语用语言能力和社会外语沟通能力两个方面，分别涵盖了对语言的语法等知识的掌握，以及对语言在特定语境中应用的掌握。只有综合了这两方面的能力，才能使语言使用者自如地运用所学语言。学

生们必须同时学习和掌握语用语言能力和社交外语沟通能力，才能够真正符合高职英语教育的要求，两者相互结合，才能使高职英语教育培养出跨境电商所需人才。

当前高职英语教育中外语沟通能力培养存在的主要问题有：一是教材不够新颖，更新较慢。好的教材不仅能够帮助学生有效地学习，同时也能为老师省下很多不必要的麻烦；相反，不当的教材则会误导老师和学生。二是学生太过热衷于考证，学校对学生的考核方式较单一。三是教师教学方法单一，对外语沟通能力培养没有给予足够的重视。中国英语教育将语言教学的目标定位为能够说出语法正确的句子，忽视外语沟通能力的培养。

2. 提升跨文化外语沟通能力的对策

（1）开设英美影视欣赏课

影视资料的更新速度非常快，每年都有上千部的英文电影上映。这些电影能够更好地反映出真实的社会文化生活等，通过学习，学生能够从中了解到当前最新的语言发展与变化，然后与教材充分结合能够尽快提升自身的跨文化外语沟通能力。原版英文影片所展现的真实的语境中，英语学习人员会明白许多语言的表达并非只有一种理解，也许对已经学习的词语以及表达方式有全新的理解。利用观赏英文原版电影，外语沟通能力将会获得极大的提高。

（2）引导考证，改革测试体制

教师在鼓励学生考证的同时，应跟学生强调不能为了考证而考证，要让其在考证的同时提升自身的外语沟通能力，不能成为手捧英语证书，实则英语文盲类人才。同时，应改革测试体制，不能以期末成绩为准，要大力增加针对语言应用能力的测试，以对学生的英语实际应用能力做出正确的评价，从而激发学生对提升跨文化外语沟通能力的重视。

（3）采用多种教学方式和手段，丰富教学模式

在商务英语教学中，应充分利用手中掌握的资源，将教学方法多样化、灵活化。例如：教师在教学过程中可以构建不同类型的交际情境，令学生在其间扮演不同的角色，以英语来进行各种类型的交流，表演结束后，教师和同学就表演者的一些活动中出现的与跨文化语用原则不相符之处加以点评，并予以纠正。

在实际教学中，教师也可以不经意间总结日常生活交往中会出现的中西文化差异情况，并以之为背景来进行有针对性的教授，这一做法往往也会很好地促进跨文化外语沟通能力的提升。可以使学生在养成良好的英语思维习惯的同时，又可以增进学生对东西方文化的理解。

高职英语教育还需要在十多年的教学经验上不断进行的改进，大力提升学生的跨文化外语沟通能力，才能适应跨境电商飞速发展对高职外语外贸人才的需求，使高职

教育更好地为国家经济和社会发展服务。

（二）跨境平台运营能力

现行的跨境电商平台多种多样、种类繁多，精通主要跨境电商平台的操作，例如如何开店、如何选商品、如何发布商品、如何核算成本、如何设置运费、如何支付收款、如何做好客户服务，甚至每个平台对商品主图、副图的要求等都要了如指掌。在当今"互联网+"的风潮助推下，跨境电子商务发展得如火如荼，作为跨境电商最成功的三大主流平台——eBay、Amazon 和 AliExpress 以各具特色的运营模式不断稳步地向前发展。eBay 成立于 1995 年 9 月，是全球最大的网络交易平台。全球有 22 个 eBay 站点、每分钟成交额 174 030 美元、注册用户超过 2.76 亿、拥有 54 万的网上店铺，超过 87 500 种商品类别，每天新增商品超过 639 万件。Amazon 是美国最大的一家网络电子商务公司，位于华盛顿州的西雅图，成立于 1995 年，是网络上最早开始经营电子商务的公司之一。一开始只经营网络的书籍销售业务，现在则涉及了范围相当广的其他产品，已成为世界十大购物网站、电子书十大品牌、世界著名品牌、极具影响力品牌、全球财富 500 强公司、全球商品品种最多的网上零售商、全球最大的电子商务公司。2004 年 8 月，亚马逊全资收购卓越网，使其全球领先的网上零售专长与卓越网深厚的中国市场经验相结合，进一步提升客户体验，并促进中国电子商务的成长。AliExpress 于 2010 年 4 月上线，已经覆盖 220 多个国家和地区的买家，覆盖服装服饰、3C、家居、饰品等共 30 个一级行业类目，海外买家流量超过 5 000 万，交易额年增长速度持续超过 400%。截至 2014 年 6 月，AliExpress 居全球网站 Alexa 排名 54 位，并在快速提升中，已经成为全球最大的跨境交易平台。

eBay、Amazon 和 AliExpress 三大跨境电商平台以其各具特色的运营模式，在各个领域深深影响、推动及改变着全球网络消费者的网购习惯和方式。

1. 收付款及结汇

eBay 收付款方式以 PayPal 为主，货款账期为立即到账，外汇结算渠道是 PayPal 直接提现到借记卡（电汇）。平台费用由店铺租赁费、刊登费、物品成交费和 PayPal 手续费组成。主要客户群面向北美、欧洲（英法德）、澳大利亚新兴市场。

Amazon 收付款方式以美国银行卡，WorldFirst 为主，货款账期为 14 天，外汇结算渠道是美国银行卡直接电汇至中国银行卡。平台费用由店铺租赁费和成交费两部分组成。主要客户群面向北美和欧洲。

AliExpress 收付款方式以支付宝国际账号为主，货款账期为新卖家要等买家确认收货后才到账，大卖家（持续经营 6 个月）可以享受提前放款，账期一般是发货后 3~5 天会放款。外汇结算渠道是直接提现至借记卡，每次提现费用为 15 美元。平台费用收取 5%的成交费。主要客户群面向俄罗斯、巴西、南美、欧洲和中东等国家。

2. 开店条件

eBay 开店门槛较低，对于大部分人来说都是可以成功的，但有额度限制，有企业和个人账户之分。eBay 虽然门槛低，但注册的时候，需要的东西很多，比如你所即将销售的物品的发票（证明你是有足够的能力发货），银行账单或者水电账单等。

Amazon 开店门槛相对来说要高很多，国内在美国 Amazon 开店商业账号需要注册美国公司和提供税号，手续相对来说简单得多，一张 VISA 或 Mastercard 就可以。Amazon 会依所卖物品的种类，每笔销售订单，收取 15%到 25%的手续费，再加上结算费。一般来说，个人卖家收取每月限制销售 40 笔以内，成交每笔加收 0.99 美元的费用；专业卖家不限制销售数，每月收 39.99 美元的费用，如果使用亚马逊的 FBA 仓库还有按照"重量"收取的出入库操作费。此外，注册美国公司的费用注册加开户 2 万人民币以上。Amazon 审核一般三天到一周，在这期间卖家仍然是可以上产品销售的。

AliExpress 开店免费注册，基本上都能注册成功，没有企业和个人之分。AliExpress 实名认证过的支付宝，免刊登费，只收 5%的成交费。AliExpress 材料提交后，没有问题立即通过。

3. 对产品的限制

eBay 有限制，但不是很严格。Amazon 产品限制很严格，很多产品是限制销售的（Amazon 对此有专项说明）。AliExpress 对所销售产品无限制。

4. 出单周期

eBay 要累积信誉才能正式卖产品。Amazon 只要产品好，出单周期是非常快的，几乎是今天上架明天就有订单了。AliExpress 货上的越多出单越快，基本上一周以内肯定能出单。

5. 竞争比较

eBay 犹如淘宝，全世界大部分国家都有 eBay，可看成一个跳蚤市场。Amazon 挡住了绝大多数的中国人，在美国 Amazon 的信誉度是很高的，人们更愿意选择平台购物而并非网站，所以导致了 Amazon 上的价格比 eBay 上面高很多，犹如中国的京东商城。AliExpress 可看做国际版淘宝，价格低廉。

6. 店铺安全

eBay 投诉是很头疼的问题，PayPal 监管很严格经常要审核，店铺也是很容易被封掉。Amazon 店铺安全可能一直是美国开店卖家的噩梦，足以让很多卖家心碎。AliExpress 规则在慢慢地严格，有很多的处罚。

总体来说，eBay 作为全球最大的零售电商，优势是卖家利润高，其外贸业务的平均利润是内贸业务的 2～5 倍，客户群体广，200 多个国家的 4 亿多买家用户，购买力强劲、站点多、交易旺、产品类目广、业绩稳定；劣势是账号难申请、客服压力大、规则多、平台费用高、价格低竞争大。**Amazon** 优势是高大上、客户群体广、利润高；劣势是账号难申请且维护难、产品要品牌化、物流时效慢、风险大。**AliExpress** 优势是门槛低、收付款方便、特色营销、平台发展迅速；劣势是商家多、价格低、纠纷多、客服压力大、竞争大。

（三）网络营销能力

了解某一类商品在跨境电商平台上的优劣发展，熟悉网络环境和市场环境，通过搜集信息、分析消费者心理，对产品进行分析判断，做出市场预估，并能策划合适的网络营销工具执行在线营销活动。

1. 网络营销能力的策略分析

（1）树立品牌意识

跨境电商要树立起正确的品牌意识，并通过整个运营团队素质的提升来提高自身品牌驾驭能力。现阶段，许多跨境电商都将重点放在营销方面，但在品牌营销和海外接洽等方面却存在这明显的弱势。因此，跨境电商企业应有意识地打造以品牌和消费者为中心的经营理念，形成周全的服务体系，为企业积累人气和口碑，逐渐扩大市场影响力。

（2）物流公司和支付系统的灵活选取

不同国家的网络消费市场不同，跨境电商要充分认识到不同国家之间的不同，根据营销对象所在的区域寻找当地有影响力的物流公司和支付系统进行合作，例如选用马士基等海运快递公司，不仅运输量大，安全性高，并且运送成本也更低，确保配套服务商的灵活选用，为消费者提供便利的网络消费渠道。

（3）与境外电商之间的合作

不同国家的风俗习惯与语言背景有着很大的不同，跨境电商和本地电商平台之间的竞争是非常大的，因此，跨境电商企业可以和当地电商企业寻求合作，将自己的品牌发展到国外，为当地消费者提供本地化的服务。

（4）高质量品牌营销团队的建设

跨境电商可以通过培训、电商交流会或者当地电商营销策略等方式，不断提高自身在品牌营销方面的综合能力，通过线上和线下营销共同打造品牌形象，待积累到一定的品牌形象时可以进一步进行市场细分，与当地电商寻求合作，实现本土化品牌营销。

（5）打造更好的平台用户体验

网络是很人性化的场所，为消费者提供了极大的自由选择，可以给用户带来不一样的体验，并且高度重视用户个性化设置和包装，深入开展消费者市场调查，了解每个消费群体的消费习惯，不断提升自己的服务质量。

2. 网络营销能力缺陷及建议

跨境电子商务及支付业务的迅猛发展给企业带来了巨大的利润空间，但是如果管理不当也可能给企业带来巨大的风险。

（1）跨境电商的政策缺陷

① 电子商务交易归属管理问题

从电子商务交易形式上分析，纯粹的电子交易在很大程度上属于服务贸易范畴，国际普遍认可归入《服务贸易总协定》（GATS）的规则中按服务贸易进行管理。对于只是通过电子商务方式完成定购、签约等，但要通过传统的运输方式运送至购买人所在地，则归入货物贸易范畴，属于《关税及贸易总协定》（GATT）的管理范畴。此外，对于特殊的电子商务种类，既非明显的服务贸易也非明显货物贸易，如通过电子商务手段提供电子类产品（如文化、软件、娱乐产品等），国际上对此类电子商务交易归属服务贸易或货物贸易仍存在较大分歧。

② 交易主体市场准入问题

跨境电子商务及支付业务能够突破时空限制，将商务辐射到世界的每个角落，使经济金融信息和资金链日益集中在数据平台。一旦交易主体缺乏足够的资金实力或出现违规经营、信用危机、系统故障、信息泄露等问题，便会引发客户外汇资金风险。因此，对跨境电子商务及支付业务参与主体进行市场准入规范管理极其重要与迫切。

③ 支付机构外汇管理与监管职责问题

首先，支付机构在跨境外汇收支管理中承担了部分外汇政策执行及管理职责，其与外汇指定银行类似，即是外汇管理政策的执行者与监督者；其次，支付机构主要为电子商务交易主体提供货币资金支付清算服务，属于支付清算组织的一种，又不同于金融机构。如何对此类非金融机构所提供的跨境外汇收支服务进行管理与职能定位，急需外汇管理局在法规中加以明确，制度上规范操作。

（2）操作瓶颈

① 交易真实性难以审核

电子商务的虚拟性，直接导致外汇监管部门对跨境电子商务交易的真实性、支付资金的合法性难以审核，为境内外异常资金通过跨境电子商务办理收支提供了途径。

② 国际收支申报存在困难

一方面，通过电子支付平台，境内外电商的银行账户并不直接发生跨境资金流动，且支付平台完成实质交易资金清算常需要 7 天至 10 天，因此由交易主体办理对外收付款申报的规定较难实施。另一方面，不同的交易方式下对国际收支申报主体也产生一定的影响。如代理购汇支付方式实际购汇人为交易主体，应由交易主体进行国际收支申报，但依前所述较难实施；线下统一购汇支付方式实际购汇人为支付机构，可以支付机构为主体进行国际收支申报，但此种申报方式难以体现每笔交易资金实质，增加外汇监管难度。

③ 外汇备付金账户管理缺失

随着跨境电子商务的发展，外汇备付金管理问题日益凸显，而国内当前对外汇备付金管理仍未有明确规定，如外汇备付金是归属经常项目范畴或资本项目范畴（按贸易信贷管理）；外汇备付金账户开立、收支范围、收支数据报送；同一机构本外币备付金是否可以轧差结算等无统一管理标准，易使外汇备付金游离于外汇监管体系外。

（四）跨境物流和供应链管理的能力

国际物流是跨境电商中很重要的一环，只有熟悉国际物流、了解物流配送模式，才能以最便捷、最快速、最实惠的方式送到境外的消费者手中。因此，掌握跨国供应链管理基本流程、供应链设计和管理，熟悉商品计划制定、原材料采购、商品生产、运输、库存、出口、物流和配送操作也是同样重要的。"跨界"邀请跨境电商专家对跨境电子商务从业人员的工作任务与职业能力进行分析，针对外贸类专业的目标定位，以就业为导向，划分工作模块和工作内容，明确工作技能。

1. 跨境电子商务下物流供应链特征

经济全球化下的电子商务发展，日益频繁的国际性贸易，成为经济发展新常态。电子商务企业通过对物流供应链管理模式的改进，能够进一步抢占国际市场份额。因此在电子商务的发展历程中，可以总结出我国物流行业发展的基本特点。

（1）电子商务物流供应链的供应环境较为复杂

电子商务虽然发展较快，但其基本属于起步阶段，且由于国际贸易中的产品运输环境的复杂和时间差，使其物流信息的传递有一定的延迟性。这不单单是我国物流行业发展中遇到的问题，其他国家的物流行业也同样遇到过，但由于不同国家对物流行业的管理制度有所不同，同时国家的政治方面因素、经济发展以及自然环境气候等也会影响物流行业的发展。

（2）不同国家间物流供应链的信息技术不均衡性

国家间由于经济水平和科技水平以及政治体制的不同，往往会对物流行业的信息技术发展产生一定的影响，而这些影响会对物流行业的成本造成影响。电子商务的发展迅速，物流行业的重要性不言而喻，而物流行业的基础是电子信息技术，因此，必须强化电子信息技术的发展。

（3）电子商务物流的优化管理

虽然电子商务的发展迅速，但是关于物流供应链方面的问题仍然没有得以解决，主要原因是因为受到地域的限制，使物流的配送渠道受到制约，并且也受国际的竞争环境和国外物流行业的营销方式的影响。因此，对于电子商务参与国际竞争这一现实性问题，物流行业必须要进行优化管理，才能保证其发展。

2. 跨境电子商务下物流供应链模式选择

跨境贸易的物流供应链选择是指电子商务企业选择内部兼有物流供应模式或者与一定规模的物流企业合作，形成产品销售和配送的连锁式服务。这种产品销售和配送的一体化服务能够有效实现电子商务行业的快速高效运作，也能扩大企业的境外交易额。

物流供应链模式不仅仅是单纯的物流配送服务，它包括生产、财务、产品设计研发以及制造、财务等管理部门。因此，物流供应链模式的选择能够提高电子商务企业的竞争能力，当产品从仓库中运出、到信息客户端手中，这种商业行为能够提供给用户的是产品附带的增值性服务，例如信息服务等。

电子商务的物流供应链应该关注自身物流信息传递、营销手段的多样性等方面。物流行业作为产品的配送性行业，应该有稳定的供应商，这是物流行业发展的核心。供应商承担产品生产和仓储运输等责任，并有义务将产品运送给顾客，而运送的过程和信息的配送等都应该由物流行业负责。物流行业所负责的阶段与供应商两者间是密不可分的。因此关于电子商务的物流行业管理应该有效地控制物流行业的资金、信息和产品等，实现供应与运输的合力。

电子商务的物流供应链发展的关键点在于管理，包括管理信息、管理配送等。有效管理物流行业的目的在于为电子商务行业提供完整性的市场计划。当然这样的管理优化必须有一定的技术和管理手段作为基础，而按照物流供应链的不同运营方式，可以根据信息类型、订单的发送方式以及仓储的地址等不同分为推动型和拉动型。

3. 国际物流管理存在问题与国际物流供应链管理的必要性

（1）跨境电子商务下国际物流管理存在的问题

① 物流配送的成本问题

用户对于境外电子商务产品消费体验的好坏，是受到跨境物流模式的影响。因为跨境物流行业的发展需要承担跨境税费、网络技术建设费用以及快递费等，这些费用越高，用户的消费体验就会越坏。当然跨境贸易也会面临产品退货问题，因此也会造成金钱和时间成本的大量流失。

② 物流配送的交货时间

由于是跨境贸易，时间周期也是产品配送中不可控的因素，因为国际快递往往都是集中发货，通过这种形式以降低卖家的成本，而这种集中发货的形式不仅耗时长，且由于货物集中往往会出现货物丢失的情况。随着跨境物流行业的发展，欧美等地的物流线路较为畅通，一般耗时较短，但是关于巴西、非洲等地可能需要较长的时间，同时周期长这样的问题会降低用户的消费体验，因而会申请退款服务，而退款服务处理起来不仅增加成本，而且耗时也长。

③ 跨境电子商务贸易的物流体系

电子商务的发展日益成熟，已经逐步成为大众消费的主流方式，因此在跨境贸易方面，一些知名的电商企业也在逐步完善，例如阿里巴巴、京东、苏宁等。但是跨境支付仍然有一个关键性问题，即支付方式无法实现国家统一，这已经成为制约电商实现跨境贸易无障碍的关键性因素。

④ 跨境物流供应链中的配送信息不对称

物流行业在实现跨境配送的过程中，包含国内运输和国外运输两个阶段，但是国内外的物流信息发展的技术有一定的差别。因此，产品配送的信息不能够与实际配送的进程相吻合，物流配送资源不能实现有效整合，往往会影响企业的盈利。同时物流信息的不对称会造成产品是否签收等问题无法确定，这会对产品企业和物流企业的信誉造成影响。当物流行业无法解决跨境贸易信息不对称的情况时，物流与电商的资源就无法实现整合，因此对于电商行业的跨境贸易亟须建立物流行业协作性系统和网络信息数据平台。

⑤ 跨境贸易下的海关问题

产品的跨境配送需要接受国内和国外海关的审核，但是受到利益的驱使，电商的卖家往往会报低商品的实际价值，以降低产品的运送成本，这是在逃避国家的监管制度。尽管这在一定程度上降低了商品的配送成本，但是往往会因为报低或是错报价值而被海关扣留，从而影响产品的运输，当海关将货物扣留，产品无法在规定时间内运送给顾客，会遭到用户投诉，影响企业的信誉。

（2）国际物流供应链管理是跨境电子商务发展的必然选择

电子商务行业在跨境贸易方面的发展必须要依靠完整的物流供应链，因此对于这方面的管理应该是电商行业管理的核心。供应链管理理念是为了实现产品的扩大化生产而提出的，就企业而言，供应商是电商行业的源头，物流行业连接供应商和消费者，当然后续就是产品的销售与服务。对于电子商务行业的供应链简单而言就是产品的获取、产品的仓储以及产品的分销和服务等，物流行业是起到衔接式的作用。当然供应链是企业发展的核心，企业必须要从原料的购买起步、到产品的制造阶段，再经过网络销售渠道，由顾客购买下单，进而由物流行业进行配送，整体的过程需要做好产品的信息、物流以及资金方面的控制，因为供应链作为一个庞大的系统，包括原料供应商、产品制造商、产品分销商以及产品零售和配送等部门和企业。

　　供应链的发展应该是有一定年限的，从商品交换起，简单的供应链就已经产生了，当商品贸易越来越复杂，所涉及的行业越来越多时，就需要实行供应链的管理。供应链是围绕产品为主的，包括原材料的采买、产品的制造、产品的运输以及产品的销售，最后的产品服务等等都是供应链中的一个环节。这个环节中包括产品信息、制造信息、资金信息，也包括产品的运输信息，这是一条增值链。之所以称之为增值链，是因为被包含在供应链上的企业，都能够在产品销售过程中获得利润，当产品受到大众认可时，就能够提高企业的竞争力，进一步获取利润。

　　当然在经济全球化时代，供应链更应该从顾客的需求出发，能够尊重市场的导向，建立一个范围更大的大联合企业模式。在企业的联合中，核心企业必须占据有利地位，包括顾客、产品研发、产品制造、产品运输、产品分销、产品零售以及产品分销等都应该被囊括在一个完整的利益链条之中，且保持紧密的合作性，而这样庞大的供应链是企业整个盈利系统的鲜明写照。

　　人们往往会将电子商务行业的供应链与产品的销售渠道放置一起，但两者有一定的区别。因为供应链中包含了原料供应、产品生产、分销渠道、物流运输、客户服务等环节，而销售渠道仅仅属于其中一个环节。当然对于供应链环节而言，没有价值大小之分，原料供应、产品生产、分销渠道以及物流运输、客户服务等在供应链环节都同等重要，而销售渠道专注于分销商这一环节。供应链是一个完整的产品销售系统，最为核心的是这些环节之间的相互契合和沟通联络，信息的畅通是必要的，能够整合不同领域的共有资源，改进产品服务，从而实现高效率的生产、销售和服务等。供应链的管理方面应该是实现生产、销售、服务、运输一体化的信息网络服务，通过提高产品的质量、做好产品营销宣传、实现畅通的物流服务及优化客户服务等多种手段提高用户的消费体验。

　　21 世纪是信息化的时代，也是信息技术影响市场的时代，以市场为导向、以顾客需要为核心的产品竞争已经日趋激烈。技术的不断更新和人们的需求不断提高，使得产品尤其是一些电子类产品的使用周期不断缩短，一些大众用品也面临同样的困境。基于这样的消费现实，企业应该在如何缩短产品生产周期、提高产品技术含量、缩短物流运输周期以及优化产品售后服务等方面进行有益的尝试。这些因素与用户的满意度是直接相关的，良好的用户体验能够提高用户对产品的使用率、能够吸引用户的再次消费，也能为产品赢得良好的口碑，同时也为该产品的原料供应商、产品生产商、物流服务、产品分销商带来巨大利益。这不仅仅是单个企业对市场份额的划分，也是整个供应链上的企业合作共赢。因此企业需要联合上下游供应企业，来抢占更多的市场份额，并从中获益。

在电子商务行业的供应链管理中，由于供应链条上的利益共同体较多，企业间的合作才是共赢的核心。另外，由于链条上的合作者往往由于利益的关系处于不稳定的情况之中，同时信息的不对称性和利益分配不均衡等都会影响合作的稳定。因此，这种合作既会因为利益而紧密结合，也会因为利益而合作破裂。因此，企业在选择合作商时，需要对合作商的品牌和信誉进行双重考量，也要保持双方信息的共享，以及合理分配既得利益。

4. 跨境电子商务下国际物流供应链构建的关键环节与举措

（1）供应链的根本即基础数据库

关于电子商务跨境贸易中构建国际贸易物流供应链的问题，最核心的是基础数据库的建设。企业的发展必须有独立的基础性数据库，其作用是为国际贸易的物流供应链提供基础性支撑。基础数据库能够指导供应链的规划，减少对电子商务物流供应链的物质成本支出。基础数据库中包含的信息数据也能够提升企业及其相关合作企业的工作效率，以保障企业间的合作，并促进企业的发展。基于基础数据库对于跨境贸易的物流供应链在管理方面的助益，对于基础数据库的完善工作必须要及早做起。

（2）供应链的管理应有一定的规划

详细的供应链管理规划，对于跨境贸易的物流供应链管理工作而言，是一个前期准备。制定供应链管理规划的流程是使用电子信息网络技术，访问企业关于供应链基础数据库的信息，进而编制出切合实际的供应链管理规划。关于供应链管理规划的实施，不应该拘泥于规划本身，更应该将规划与产品分销商、供货商的实际发展相结合，进而完善规划的编制工作。产品的分销商在制定关于产品的销售计划时，应以顾客的需求为导向，同时考虑到目前产品的库存问题，进行规划编制工作。而产品的供货商，应该是结合产品配送和销售计划的信息来规划产品的供应量。

（3）供应链上的核心企业权力最大化

境外贸易中的供应链管理中，要求各参与者都能以顾客的需求为导向，但顾客的需求往往是变动性的，尤其是国外市场形势的瞬息万变，会对顾客需求造成一定的影响。因此物流企业应该注重收集顾客的需求，而这种需求的收集必须依托先进的信息技术进行，将收集的信息进行整合，并传递给相关企业，企业通过对顾客需求的分析，研发顾客心仪的产品，以获取更大的利益。

（4）供应链上的合作共赢

境外贸易下的供应链管理，由于参与其中的有原料供应商、产品研发商、产品制造商、物流行业以及服务类行业等众多企业，因此，必须与这些企业保持合作共赢的关系。而合作的基础是产品盈利，因此，企业获得利润必须依托于企业的经营理念和管理理念，同时企业间应该形成合力，实现优势互补。通过企业间的优势互补、合作共赢，实现企业发展的协同效应，进而提高企业的竞争力，促进企业发展。

（五）创新创业能力

随着跨境电商的兴起和快速发展，加上传统国际贸易的乏力，中国越来越多的中小微企业青睐于用跨境电子商务的方式来进行贸易，这也对高校培养国际贸易专业大学生提出了更高的挑战。"跨境电商"不同于传统的国际贸易，尤其是 B2C、C2C 模式，都要求国际贸易方面的人才具备较强的网络营销、电子商务网站运作、跨境物流以及相关平台的操作能力，与此同时，用小语种直接面对不同客户进行沟通的能力也很重要。因此，在国贸专业大学生创新创业素质培养教育中，应增加电子商务以及物流类基础课程的教学，通过政府的扶持，资金援助，为大学生的创业打下基础，并通过校企合作来提高学生在网络营销及跨境电子商务相关平台上的实操能力，同时应针对性地通过小语种的学习来进行差异化的培养。

二、实现路径

（一）课程设计对接职业岗位

在设计跨境电商课程时，始终要将工作模块、工作内容、技能要求三者综合考虑。具体来说，网店开设与维护要求从业者掌握的技能包括：能够进行网店开设申请；能够配置网店布局、功能模块、风格主题等；能够进行商品和信息录入；能够配置支付方式；能够调整网店布局、增删网店功能，能够修改网店风格。商务信息处理要求从业者掌握的技能包括：能够使用网络检索工具采集信息；能够使用网络问答、论坛、RSS、邮件订阅等信息交流工具搜索信息；能使搜索符合要求的相关网站、论坛、博客，能够对网络信息进行分类整理；能够进行商品信息的发布、撤销；能对商品信息进行更新和维护；能够按照要求在网站上发布、维护和撤销商务信息；能够按照要求在外部网站、论坛、博客、SNS 上发布商务信息。

客户服务方面要求从业者掌握的技能包括：能够完成商品信息、价格的售前咨询；能够完成商品交付方面的售前咨询；能够完成商品服务保障的售前咨询；能够完成支付方面的售前咨询；能够录入和生成订单；能够进行订单信息的审核、变更；能够进行订单状态查询；能够使用电子支付工具或第三方支付平台完成电子支付；能够指导客户完成支付；能够使用网上支付平台、网上银行等进行网店账务查询；能够完成商品配送方式的选择；能够填写与打印出货单、配货单、快递单等；能够进行商品配送状态查询；能够在线进行客户常见问题的解答；能够记录和整理客服相关信息；能够按照要求进行客户回访。

跨境作业操作方面要求从业者掌握的技能包括：能够完成出口商品的报关报检；能够完成进口商品的报关报检；能够收集出口退税资料；能够整理出口退税资料。

（二）以实训实战为手段培养综合素质

教师根据工作任务、工作内容、技能要求，将每一项技能和知识要点逐一进行训练，培养学生完成实际工作任务的职业能力和综合素质。在语言沟通方面，着重训练学生的外语表达能力，不仅要能用外语描述商品的功能、特征，还能在售前、售中和售后三个环节用外语直接与异国的普通消费者沟通，解决客户在购物中提出的问题；在平台账号操作和管理方面，让学生熟悉平台规则、掌握账号管理能力，并能对产品资料进行整理、编辑、撰写引起买家共鸣的软文，以提高商品的点击率和购买率；在推广营销方面，要求学生能对各类数据进行分析，制定出较为完备的市场营销计划和网络推广方案。跨境电商的具体岗位涉及客服类、销售类、技术类和网站推广类等，没有人可能样样精通，但单项实训有利于提升学生的综合素质，为自主创业打下良好的基础。

（三）以职业素养为关键培养创业能力

1. 开设创新创业的通识课程，将创新创业的思想传递给学生，培养他们的思辨能力、创新意识和社会责任感，让学生善于发现问题、勤于解决问题、敢于迎接挑战、乐于团队合作，并能承受挫折和压力，具有创业者的一般品质。同时，将创业教育与专业教育结合起来，着重利用跨境电商的利好环境和政策，引导学生发现商机，大胆地进行创业实践。

（1）明确跨境电商实践教学的目标体系

基于跨境电子商务发展对从业者专业知识和实践能力的具体要求，优秀的跨境电商人才应该具备良好的语言能力、熟练的电子商务平台操作能力、丰富的跨境贸易及文化知识、较强的市场营销能力等。为此，跨境电商实践教学体系需要将学生的专业特长与创新精神培育相结合，确立"创新精神"＋"创业意识"＋"创新创业能力"三位一体的实践教学培养目标，使学生具备深度参与跨境电商创新创业的能力和素质。

（2）优化跨境电商实践教学内容体系

实践教学的内容是实践教学目标任务的具体化，通过制定科学而动态的实践教学内容体系可以将实践教学的目标和任务具体落实到各个实践教学环节中，让学生在实践教学结束之后能够真正具备参与跨境电商实际操作乃至直接创业的能力。实践教学效果的提高离不开课程体系的科学构建以及教学内容的合理设置。因此，可以尝试构建"递进式"跨境电商实践教学课程体系，将实践课程分为基础课程、专业课程以及综合运用课程三大模块。基础课程侧重跨境电商基本业务流程，专业课程注重跨境电商主要业务领域，如网络营销、跨境电子商务 ERP 管理等，综合运用课程强调跨境电商平台管理与应用。

（3）建设跨境电商实践教学保障体系

跨境电商实践课程是要培养从事跨境电商平台运营的高素质从业人员，使其在具备较高语言能力的前提下，熟练掌握跨境电商平台的操作，熟悉国际贸易流程和相关法律法规，拥有较强的市场推广及营销能力。而上述能力的培养，离不开实践教学基地的建设与使用。为此，可以尝试建设"校内"+"校外"实践教学基地，整合不同实践教学基地的功能以及利用实践教学平台推进创新创业能力训练的实施过程。跨境电商实践教学的另一保障是师资队伍建设和教材建设。各高校可开展针对现有教师培训方向、培养方法以及校企合作中高校教师与企业专家间互动交流模式的研究与实践探索；教材建设事关实践教学内容体系改革成败，高校还要高度重视实践课程教材编写以及实践教学研究。

（4）建设跨境电商实践教学评价体系

建立科学、完整的实践教学评价体系，是重视实践教学、促进实践教学质量快速提高的主要手段。为此，各高校需要探讨构建跨境电商实践教学动态的学生和教师评价体系。在构建学生评价体系方面，制定各实践教学环节的任务与要求，制定综合的实践能力考评方案，确定考评内容与方法，通过笔试、口试、操作考试及创新设计等多种形式考评学生的综合运用能力和创新实践能力。在构建教师评价体系方面，根据跨境电商实践教学培养目标的要求，制定出教师指导实践教学环节的具体要求和质量标准，并制定制度激励教师主动完善和提高实践教学的实施标准。

2. 将课内外活动结合起来，通过学生综合素质提升工程，开展跨境电商技能训练营、软文写作训练营、外贸谈判训练营，鼓励学生参加商务技能竞赛、英语演讲比赛、营销技能比赛等第二课堂活动，提升学生的人际沟通、自主学习、创新创业、团队合作等方面的综合能力。

（四）以职教集团为依托设计学生职业生涯

在外贸类人才培养过程中，一方面要根据就业市场的新需求及时调整人才培养方案，拓宽毕业生的就业面，提升个人竞争力，实现顺利就业；另一方面要契合学生的个性特点和创新思维，引导学生设计职业生涯，为创新创业做好思想和行动准备。依托现有外贸类专业校企共建的职教集团资源，成立行业企业联盟小组或平台联盟小组，如进口保健品企业小组、出口运动用品小组、速卖通平台小组等。每名学生在校三年期间根据自身兴趣，加入一个职教集团的行业企业联盟小组的社团，定期邀请企业专家和精英骨干来校进行结合职业生涯规划实行的"三选择"。即选择一个行业，作为今后就业创业的方向，了解该行业的产品特性、专业词汇和销售技巧；选择一家企业，了解企业的经营状况，最好能通过现场教学、实地调查等手段，熟悉企业运作和外贸销售特点；选择一个岗位，根据自身的能力、性格与特长，选择一个作为自己的就业岗位，掌握该岗位所需具备的知识和技能。特别是对于有创业梦想的学生进行单独"开小灶"指导，让他们多了解各岗位工作流程、企业运营、财务管理等方面的技能，将产品营销、品牌推广、财务管理等专业知识、职业技能和商业伦理规范融入门店管理之中。

（五）以学习成果导向的创新创业教育

学习成果导向（OBE）产生于美国 20 世纪 80 年代的基础教育改革，之后欧美国家都把它当作是教育的主流理念。21 世纪以来以学习成果为导向的教育创新浪潮从欧美大陆、澳大利亚向中国席卷而来。从传统外贸到跨境电子商务的转变，尤其是跨境电子商务逐渐成为我国外贸增长的新引擎是我国近几年备受关注且无法回避的问题，在此趋势下培养跨境电子商务行业所需的人才也就变得尤为紧迫，而在跨境电子商务人才培养中植入学习成果导向的理念将会成为职业教育的一大亮点。

1. 学习成果导向与跨境电子商务专业核心能力的培养

学习成果导向教育在维基百科中被定义为一种教育理论，其核心在于教育系统中的每一部分都应该围绕着学习成果来开展，当学生完成这一部分的学习后应该可以达到要求的学习成果。在学习成果导向为核心的教育中，没有固定单一的教学以及评估模式，所有的教学以及评估都是围绕着如何帮助学生到达既定的学习成果而开展的，教师不仅仅是传播者，也可以转变为指导者、教练、推动者或者辅导者。在教学方面，它注重学生可以应用知识，而不是教师传授知识；在评价方面，它不是简单地以卷面成绩来评判，而是看着学生如果应用知识完成预期学习成果。关于学习成果的概念也众说纷纭，概括来说它是指学生在完成一个阶段的学习之后，对于他们知道、理解以及能够做什么的描述，它是可操作化和具体的。Acharya 指出实施学习成果导向教育模式主要有四个步骤：定义学习成果、实现学习成果、评估学习成果和使用学习成果。由此可见，学习成果导向教育首先要确定人才培养的目标，也就是要达到的成果；其次结合区域、行业、学校、生源的特点构建专业课程体系；之后选择有效的课堂教学模式，并检验学生达到预期成果以适应行业的发展。

核心能力是由"核心竞争力"演化而来的一个词，最早是由美国经济学家 C.K.Prahalad 和 Gary Hamel 提出。聚焦于高校专业教育中，可以理解为学生经过大学期间的学习与时间，自身所具备的可以胜任对口职业岗位的能力，并成为其特有的、强有力的以及长久的竞争优势。跨境电子商务专业（方向）是近两年来众多高校紧跟社会经济发展以及社会用人需求所开设的新专业，其学生为了适应行业的发展应具备多种能力，但学校教学应聚焦于专业核心能力的培养。

从目前来看，跨境电子商务行业工作人员主要毕业于国际经济与贸易以及商务英语两个专业。跨境电子商务属于新兴行业，发展方向、行业细分、岗位能力等方面都没有形成完善的体系，所以当今跨专业的毕业生仅仅能应付手头的工作，他们没有完整的知识体系，与社会行业所需要的跨境电子商务人才之间有一定的距离。所以，以学习成果导向为核心，进行跨境电子商务专业教育教学改革，培养与行业接轨的专业核心能力是目前的必然趋势。

2. 学习成果导向在跨境电子商务专业核心能力培养中的设计

学习成果导向教育与传统教育的"内容为本"转变为"学生为本"。传统教育以课程为导向，构建的是学科式的课程体系，专业根据"已有课程内容—制定课程体系—明确毕业要求—制定培养目标—完成人才输出"的路径进行设计，这样的模式注重专业知识的系统性，但整个课堂以教师为中心，不能发挥学生的主观能动性与创造性，对学生以考试成绩的高低进行评价，不能真正了解学生对于知识点的应用水平，更不能针对社会需求培养出符合行业企业要求的人才。这样培养出来的学生只能适应跨境电商工作岗位的需求，并不能完全满足岗位的需求。而学习成果导向教育是从"需求"出发，根据"需求—结合学校定位—确定培养目标—确定毕业要求—构建课程体系—明确教学内容—设计教学模式—进行双方评价—输出人才—反馈"的路径形成一个动态循环，紧跟跨境电商行业企业的需求调整学生专业核心能力的培养。所以，学习成果导向教育遵循的是"反向设计"的原则。

（1）了解企业岗位需求

学习成果导向教育理论所解决的一大痛点就是让学校教育与社会接轨，而不是在象牙塔里闭门造车。所以在确定跨境电商专业核心能力培养之初，应该走访大量相关企业进行调研，了解行业企业对于跨境电商不同岗位的需求。除此之外，还应该通过多种途径去调研来支撑专业的发展，并且与行业企业建立长期合作关系以便及时了解到行业动态企业要求，对应地更新完善人才培养目标，使得学校培养出来的专业人才与社会行业所需的人才对等。目前跨境电子商务行业根据岗位性质主要分为跨境电商运营专员、跨境电商产品专员、跨境电商美工专员、跨境电商推广专员、跨境电商客服专员以及跨境电商物流专员。但由于大部分跨境电商企业规模比较小，工作细分不明确，所以对跨境电商专业毕业生的知识能力要求比较宽泛。

（2）确定人才培养目标

高职教育是以培养满足国家产业结构优化升级和地方经济与社会发展所需要的高

级技能型人才和企业员工再就业培训为目标的，这一目标具有强烈的社会属性。所以高职院校的发展取决于其培养目标能否满足区域经济发展对高级技能性人才的需求。人才培养目标就是要把学生培养成什么样的人，包括能力、知识以及素质三个方面。同时这也是学生在完成三年的学习后能否顺利毕业的评判依据。在确定人才培养目标的过程中首先要考虑培养的人才能否满足外部社会行业发展趋势、企业对于跨境电商专业技术人才的需求；同时也要符合内部学校学院定位、生源以及学生对于未来自我定位的情况。其次对于人才培养目标的表述应该是精准的、具体的、条理清晰的，每一个培养目标都对应具体的核心能力，并且每一个核心能力应该有具体的要求，以便于支撑人才培养目标的实现。结合上面目前跨境电商行业企业特点以及需求，应培养学生跨境电商全方面能力，而不聚焦于某一具体岗位。

3. 确定核心能力指标点

在确定好人才培养目标之后，需要根据跨境电商岗位内容进一步梳理出具体的知识、能力以及素质要求，形成清晰具体的、可测评的专业核心能力的组合，在根据这些专业核心能力分列出准确具体的指标点，也就是相应的学习成果。这些成果将作为学生毕业的具体要求以及对人才培养目标考核的依据。在准确要求下，在描述的时候，按照 Bloom 分类法根据认知领域、动作技能领域以及情感领域为划分，尽量不使用含糊的词汇，例如"理解，记忆"等，而尽量利用"描述""制定""评价"这样明确的术语来描述认知的程度。

4. 构建专业课程体系

根据专业核心能力指标点确定课程体系，指标点其实就是一个跨境电专业的学生在毕业时所应该具备的知识、能力以及素质的具体要求，在这些要求的实现只能依托于课程体系，并且在教学实施中实现。既然是只能依托于课程体系，所以说专业核心能力与其指标点逐条落实到每一门具体的课程中，通过教学实施的过程，帮助学生完成每一个指标点。他们两者之前应该有着非常清晰的映射关系，这就要求每一个核心能力指标点都有相对应的课程来支持，同时每一门课都应该有所指向的核心能力指标点，在这种情况下，每门课都是物尽其用，有自己重要的地位。但核心能力指标点与课程并不是一一对应的，一门课程可以支撑一个或者多个核心能力指标点；同时，一个核心能力指标点可以对应一门或者多门课程。这样完成之后不仅可以清楚地看到指标点与课程之间的对应关系，同时也可以知道每门课对于跨境电商专业人才培养的贡献度，为之后课程结构优化与课程内容重组提供来重要依据。

为培养技能型跨境电商人才，应该突出学生应用专业基础知识与核心理论进行案例分析与跨境电商业务处理的实践能力的培养，所以在专业基础课以及专业核心课的基础上增加专业综合型实践以及学生可以根据自身兴趣与需求进行选择的专业拓展课。在教学组织上本专业实行"2＋0.5＋0.5"的教学组织模式，大一、大二两学年学完综合素质必修课、专业基础课、专业核心课及跨境电商单项技能培训；大三第一学期在校内教学企业内由企业导师与校内教师共同协助下完成跨境电商综合实战技能培训，大三第二学期在校外企业完成跨境电商顶岗实习。

5. 选择课堂教学模式

学习成果导向教育课堂教育都是围绕着如何帮助学生到达既定的学习成果而开展的，并没有固定的教学模式，围绕培养目标充分调动学生学习的主体意识，改变传统教育中以教师的讲授为主，学生只是被动地接受知识的现状，将掌握知识与发展能力相结合，用多种方式更好的帮助学生达到既定的学习成果。例如，可以将跨境电商实际工作中的问题与案例代入到课堂中来，用此来驱动学生找到解决问题的方法。将课堂单一的由老师讲解转变为学生解决问题之后的汇报演讲，将单人完成的课堂作业转变为鼓励学生小组讨论，让大家勇于表达自己的观点并与他人的观点相比较，找出最完善的方案。按照每节课应该完成的学习成果，支撑该学习成果的学习内容将不同的教学内容与不同的教学模式相结合，实现多种教学手段的有机联动。在教学模式的转变下，一方面，可以让学生更多地接触到当今跨境电商行业企业里面的真实情境，在之后跨境电商实训以及未来工作中可以更好更快地融入；另一方面，转变教学模式可以在教学过程中锻炼学生的多种能力，也有利于批判思维的培养，在讨论的过程中用错误的案例来引导学生找到正确的方法，鼓励学生批判性思考、推理、反馈以及行动，而不是将老师讲授的知识全盘接纳，缺乏独立思考的过程，也不利于将知识转变为能力。总的来说，要将教学模式从填鸭式、灌输式向启发式、探究式、讨论式转变，以达成学习成果为目的，将不同的跨境电商知识点匹配到相宜的教学手段与模式。

6. 明确人才考核标准

与传统课程通过一张考卷考核学生学习成果不同，学习成果导向教育倡导的考核应该是"多元化"的，也就是通过多种方式、多种维度、多种主体的方式来检测学生对于预期学习成果的掌握程度，对学生的知识、能力以及素质的综合评价，它着重在学习成果评价的内容、方式、标准及其考核主体等各方面的多元化。

评价内容的多元化要求在传统教学考试只考察教学目标所设定的课本上的知识基础上，加入能力以及素质的维度，比如学生的团队合作能力、资料收集与处理能力、逻辑分析能力，或者学生的语言表达能力、对于所学专业未来发展敏锐的洞察力、持续学习能力等等。而书本上的知识只是考核评价的一部分，这样解决学生毕业后在工作岗位上只有理论基础而没有实践能力的问题。评价方式多元化要求在试卷考核之外，根据课程预期学习成果的内容、性质来选择适合的考核方式，例如外语口语方面的课程可以通过实作评价来考核，包括现场演示、情景模拟、课外实践等方式。总的来说可以运用试卷测验（笔试）、实作评价（表演、实作、作业、鉴赏、实践、轶事记录）、口语评价（口试、口头报告、谈话）、档案评价（资料收集和整理、书面报告）、游戏评价（过关评价）等评价方式，全方位的考核学生的应用能力，而不仅仅是死记硬背地通过考试。评价主体的多元化要求校内教师、企业指导教师，还包括学生本人、团队成员、同学、家长、行业专门从事相关工作的人员甚至是社会人士都可以作为评价主体。校内教师可以评价基础的理论知识、行业企业教师可以评价操作实践能力、团队成员可以评价团队贡献、社会人士可以进行综合素质方面的评价，要针对不同学习成果的特质、专业程度来设计考核主体。考核标准的多元化是指，在学习成果的呈现上要求兼顾量化（分数、等级）和质化（文字描述、具体建议），量化指的是分数、等级，而质化指的是文字表述以及具体建议。通过开放式的评价方式，鼓励有创造力的学习成果，不要用统一的标准答案抹杀学生创造力的发挥，评价多以鼓励、支持为导向，通过评价结果的反馈增加学生的自信心以及学习的动力。结合跨境电商对学生知识、能力以及素质方面的要求，整合所有课程建立起完善多元的评价体系，有利于帮助学生更好地达到跨境电商行业岗位要求。

（六）以"校中厂"为抓手推动创业教育

按照"把企业搬进校园"的理念，优选企业入驻校园，将公司的办公室以真实的工作任务指导学生进行实战实习。由于学校能提供畅通的网络条件，企业也愿意将部分产品直接放在校园仓库供学生进行线上销售。从合作前期企业驻守校园，逐步过渡到学生被雇用为企业的"校中厂"员工，能独当一面地接单、下单和处理售后事宜等，"校中厂"才算真正落地。利用校企合作企业的支持、通过校内外教师的指导、借助网络平台的便利，学生不出校门就能登录账号，开展跨境电商实战。单项仿真实训与综合跨境电商实战的有机融合，能培养学生扎实的工作技能。

要在"校中厂"中长期实施"校企双导师制"和"学长引导制"。校内导师主要负责学生的课程学习和"校中厂"的常规管理，企业导师侧重解答在"校中厂"中出现的专业技术问题和核心业务的把控；而"校中厂"中高一年级的学长可以作为部门经理，对新进学弟学妹进行手把手的"传帮带"：一方面，可以提高和巩固学长们的技能；另一方面，也可以拉近各年级同学之间的距离，形成团队合力，为他们今后自立门户、创业做老板奠定一定的基础。

在"大众创业、万众创新"的大背景下，恰逢跨境电商行业的蓬勃发展，国家也出台了大学生创业的利好政策，为大学生创业提供了天时、地利、人和的良好条件。学校应紧跟时代的号召，结合外贸类专业的传统优势，强化跨境电商核心技能的训练，

"筑巢引风式"地将企业搬进校园,推行"校企双导师"制和"学长引导制",将专业教育与创新创业教育相结合,将创业意识、创业理念和专业知识融入日常专业课堂和实践教学中,培养学生的创业品质以及创业行动力,鼓励学生在跨境电商平台上有所作为,促进就业与创新发展。诚然,创业不一定适合于所有人,也不是一次创业就能成功,因此学校要结合学生实际有针对性地开展创业教育,让学生好创业、创好业。

第八章 "双创型"跨境电商
人才培养模式的实践

第一节 "互联网+"背景下高校创新创业型
跨境电商人才培养模式

当前互联网与大数据等信息技术飞速发展，跨境电子商务正日益成为中国对外贸易转型升级的重要引擎。特别是随着"一带一路"的深入发展，跨境电商更是进入一个全新的发展阶段。它不仅促进了中国与"一带一路"沿线国家之间的市场开放，缩短了流通渠道，助力经济实现新的增长，还对跨境电商人才产生了巨大的需求。在"互联网+"背景下，培养创新创业型跨境电子商务人才成为高校贸易类人才培养的大势所趋。通过创新创业人才培养，不断提升学生的实践与创新能力：一方面可以为大学生创造更多的就业机会；另一方面对培养更多具有全球视野、应用技术技能型国贸专业人才有着极其重要的实践意义与应用价值。

一、高校跨境电商创新创业型人才培养的现状分析

（一）跨境电商呈现爆发式增长，人才市场需求量大

近年来，"一带一路"建设进入纵深化发展阶段，中国积极进行国际合作，使得贸易与投资更加便利化、自由化，这在很大程度上促进了跨境电商交易规模持续扩大。据有关数据显示，2013 年，中国跨境电子商务的市场交易规模为 3.15 万亿元，2018 年交易规模就上升为 9 万亿元，其中，B2B 跨境电商交易模式占比更是高达83.2%。可见，"一带一路"倡议极大地推动了我国跨境电商贸易的发展，拉动了中国的经济增长。未来跨境电子商务发展的市场空间仍然非常巨大，对人才的需求将日益强烈。

（二）我国跨境电商人才缺口大，与企业需求不匹配

人才是跨境电商贸易发展的关键。在我国跨境电商行业中，专业人才仍存在较大的供需缺口，虽然每年都有贸易类毕业生流入跨境电商行业，但往往缺乏实际操作能力和运用能力，难以适应企业的现实需求，人才供给现状和市场需求难以匹配。跨境电商行业经常面临着大学毕业生就业难与企业用人难的"两难"境地。跨境电商人才紧缺，已经严重制约了我国跨境电商行业的健康发展。

（三）跨境电商人才素质参差不齐，创新创业型人才匮乏

人才是制约国际化进程的重要因素，未来全球化的竞争必将是人才的竞争。然而我国跨境电商人才除了数量不足外，质量也参差不齐、大部分毕业生对专业基础知识掌握不够扎实，实际操作能力不强，对职业规划和目标的认识不够清晰，仍缺乏具备国际化能力、拥有创新意识和创新思维能力、能够适应全球化市场的创新创业型高素质跨境电商人才。因此，亟须对跨境电商人才培养模式进行改革与创新，从而全面提升人才综合素质，培养创新创业能力，不断适应跨境电商行业快速发展的趋势。

二、高校创新创业型跨境电商人才培养面临的问题

（一）完善的跨境电商课程体系尚未构建

高校跨境电商课程的教学，绝大多数是针对国际经济与贸易专业和电子商务类专业的学生，还没有专门开设跨境电商专业，跨境电商相对成熟完善的课程体系尚未构建起来。教材与课程的教学要求不够匹配，质量不高，实用性欠缺。课程体系设计缺乏合理性，不能体现出以创新创业为导向设置跨境电商课程目标，跨境电子商务平台也没有扩展到大学生创新创业领域，课程教学内容、实验实训平台建设等，与跨境电商企业的需求相脱节，无法培养具有创新思维意识和跨境电商实践技能的复合型跨境电商人才。

（二）跨境电商教学模式单一、教学方法创新不够

在教学过程中，课堂讲授理论部分学时较多，实验、实训、实践环节严重不足，不能很好地理论联系实际；授课方法大都采用传统的"填鸭式""注入式"单一教学法，教学过程中主导者是教师，学生大多是被动的接收者。缺乏"以学生为中心"，不能够

引导启发学生使其充分展现自我的师生教学关系，学生极少参与课堂互动、积极性不高。另外，教学缺乏校企深度合作，学生很少有机会真正在校外跨境电商实习基地参加实习，高校与跨境电商企业合作缺乏实质内容，大都流于表面形式。

（三）校企合作不深入，创新创业型"双导师"师资队伍建设落后

跨境电子商务专业实践性较强，在跨境电商人才培养过程中，离不开一支高素质的师资队伍，教师不仅要具有较高的专业知识水平，还应该具有较强的实践经验与实践能力，这就需要依托校企合作，建立企业导师和学校导师"双导师"的师资体系。然而，我国高校跨境电商"双导师"师资培养体系还不够完善，缺乏企业导师和校内导师的有效合作机制。"双导师"共同参与跨境电商课程教学与相关实践活动远远不够，跨境电商课程的教学大都依赖学校教师，而学校教师讲授课程难以做到"从实践到书本"。除此之外，校内授课教师自身还缺乏在跨境电商企业挂职锻炼、实习考察的机会，缺乏创新创业方面的经历和实践经验。

（四）跨境电商课程考核机制单一，缺乏合理科学的考评体系

在跨境电商课程的考核与评价方面，课程学业考核评价体系较为单一，缺乏科学性和合理性。仅侧重学校导师对跨境电商理论知识的成绩考核以及对实验实训平台操作的成绩考核，而学生校外参加跨境电商企业实习、人才培训基地实操训练等均没有纳入课程考核体系，缺乏企业导师对学生跨境电商技术技能方面的考核。同时，缺乏"双导师"课程考核与创新创业考核相结合的多元化考评体系，学生的创新创业活动和实践无法体现在考核评价体系中。

三、高校创新创业型跨境电商人才培养模式改革的路径

（一）将创新创业型教育纳入人才培养方案，积极构建跨境电商课程体系

在制定人才培养方案时，高校可以与跨境电商企业共同展开合作，将创新创业型教育纳入整个方案体系中，作为培养人才的导向，并不断优化完善课程体系。课程体系除了积极开设跨境电商理论基础、跨境电商平台操作与运营、跨境物流与国际结算等相关课程外，还应包括创新创业相关实践类课程，实现人才培养目标、教学大纲、课程教学内容与企业和社会需求紧密结合。另外，在教材的选购上，要紧扣跨境电商前沿，选择最新版本的高质量跨境电商教材，以期把握跨境电商课程教学和研究的最新发展趋势和方向。

（二）以创新创业为导向，努力探索跨境电商教学模式与教学方法的改进途径

高校应不断推进跨境电商教学模式改革，对教学方法勇于创新。可以采用"大班"和"小班"相结合的教学等模式。"大班"上讲授理论基础，课外组织"小班"，进行小组讨论和案例分析，培养学生善于思考、自主学习能力。通过与跨境电商企业建立人才培训基地，扩大学生实习机会，使其熟悉跨境电商各环节的操作流程，提高实际操作能力。此外，积极推行"以赛促学"，让学生多参加跨境电商类技能竞赛、"互联网＋"大赛、创新创业比赛等，激发学生创新精神，提高创新能力，为学生进行跨境电商创业与就业奠定基础。

（三）开展校企深度合作，加强创新创业型"双导师"师资队伍建设

在打造跨境电商高素质师资队伍上，高校应积极推动与跨境电商企业之间的深层次合作，构建学校导师和企业导师"双导师"型的合作机制。一方面，学校可以选派教师到跨境电商企业参加实践调研、业务培训与挂职锻炼，有助于教师在今后的教学中将理论与实践结合，提升教师创新创业和实践能力，对学生创新创业提供全方位指导。另一方面，学校还可以聘请跨境电商企业专家、专业技术人员和企业导师走进课堂，向学生传授跨境电商行业最新发展动态和创业实战技能，帮助学生熟悉跨境电商的实际操作环节，将跨境电商行业相关工作的丰富经验融入教学实践，不断增强毕业生的就业竞争力和创业能力。

（四）构建"双导师"学业考核与创新创业考核相结合的多元化考评体系

高校可以结合学生学业成绩、技术技能以及综合素质等方面，建立"双导师"的学业考核评价机制，这对于提升学生就业竞争能力，满足跨境电商企业和社会的人才需求至关重要。在"双导师"模式下，学校导师将学生对跨境电商理论基础知识的学习进行学业成绩考核，企业导师可以对学生在校外实训基地实习、跨境电商技术技能等实践成绩加以考核，学校再结合学生的综合素质测定，最终全面给出课程的最终评价。同时，高校可以将学生创新创业类课程考核、创新创业相关实践活动等也纳入考核范围，鼓励学生在国家政策扶持与培训指导下，利用跨境电商平台积极进行自主创业，逐步建立起与创新创业考核相结合的多元化考评体系。

在"互联网＋"日益快速发展的背景下，我国"一带一路"建设持续推进，跨境电子商务进入一个全面爆发的时期，交易规模不断扩大，由此对跨境电商人才产生了庞大的市场需求。然而，我国跨境电商人才，无论是从数量还是在质量上都远远不能适应企业和社会的要求，缺乏实践与创新能力，存在较大的供需缺口。这与当前高校的

跨境电商人才培养模式和培养方案存在很大的关系，因此，亟须将创新创业型教育纳入高校跨境电商人才培养方案中，对现有人才培养模式进行改革。从优化跨境电商课程体系、改革教学模式、创新教学方法、校企深度合作、建设"双导师"师资队伍以及构建多元化的学业考核评价机制等方面进行改革与探索，以期能更好地培养出适应跨境电商企业和社会发展需要，具有较高的跨境电商实操技能水平，富有创新意识和创新精神，创新创业能力强的高素质、高层次跨境电商人才，为学生将来从事跨境电商行业相关工作和创业打下坚实的基础。

第二节 "双创"背景下高校跨境电商创新创业人才培育所遇问题

近年来，"大众创业，万众创新"成为国家主要倡导的一个内容，政府部门、宣传媒体也在全力宣扬跨境电商。

"双创"背景下跨境电商进出口额将进一步增加，这就意味着跨境电商创新创业人才面临着巨大的人才缺口，而目前高校培养的跨境电商人才实践能力不强，普遍缺乏创新创业精神，其应该具备的素养和技能离要求还有较大差距，并且现在的大部分高校都还没有针对跨境电商创新创业人才的培育提出有效的解决方案。

一、跨境电商创新创业人才培育硬件方面存在的问题及解决方案

在"双创"背景下，跨境电商是一个比较热门的行业，为了更好地发挥其优势，我们要努力解决其遇到的各种问题。比如我们要怎样才能培养出这样的人才，再比如未来跨境电商的平台是怎样的等。本文在此将这些问题归为两类，即高校跨境电商创新创业人才培育硬件方面和培养方向上面的问题，并据此给出相应的解决方案。

（一）高校跨境电商创新创业人才培育硬件方面存在的问题

为了解决高校在"双创"背景下培育跨境电商创新创业人才时存在的问题，我们首先要做的就是完善该专业人才培育的硬件问题，包括高校跨境电商创新创业人才的培养模式、师资力量和实战基地的建设等问题。现在高校培养的人才缺乏动手能力与人才培养的硬件环境有着巨大的关联，良好的培育环境能够同时提高专业人才的理论和实践能力，这有利于实用型人才的培养。绝大部分高校在跨境电商创新创业人才培育硬件方面存在的部分问题如下。

1. 人才培养模式不完善

高校所培养的跨境电商人才创新创业能力较弱，这与复合型外贸人才的需求有较大差距。高校的人才培养模式没有针对跨境电商创新创业及时进行调整，没有立足于现代社会对于跨境电商创新创业人才需求，为学生提供真实的创业环境与实践平台，整体的跨境电商创新创业人才培养模式不完善。高校在培养跨境电商创业人才时比较重视课堂教学，不太重视实操课程，学生实战的经验和机会都比较少。因此，高校培养的学生缺乏实际动手能力。

2. "双创"环境下的国贸师资缺乏

高校的国贸师资大部分都是来自国贸专业的教师，他们擅长传统贸易理论知识，但缺乏在"双创"环境下的创新型创业经验和培养方法。并且这些教师很少真正从事过跨境电商创新创业，所以缺乏实操知识，但是实际做的和理论又不太一样，师资也就满足不了显示需要。

3. 缺乏创新创业实践基地

对跨境电商人才的培养来说，拥有一批高质量的创新创业基地是很重要的，它的建设不仅需要各类模拟软件，同时还需要一定的硬件设备及平台的配合来应对跨境电商创新创业人才培养的要求。但由于各类原因，高校很难建立起真正的创新创业实践基地，即使建立了也没有能够很好地维护，有些更是形同虚设，利用效率较低，从而直接影响了高校跨境电商创新创业人才培养。

（二）高校跨境电商创新创业人才培育硬件方面问题的解决

关于高校跨境电商创新创业人才培育硬件方面所存在的问题，本书结合市场对跨境电商人才的要求，相应地给出了以下几个解决方案。

1. 创建与跨境电商企业对应的人才培养模式

高校在"双创"背景下构建的人才培养模式，要特别注意其与跨境电商企业的匹配问题，在教学中可以结合"项目教学""任务驱动"等教学手段，使学生尽快全面地了解真实的创业情景。不仅如此，高校还要加强与政府的联系，共同制定"双创"背景下跨境电商创新创业人才培养方案，这样才能培养出适用于当今社会的跨境电商综合实用型人才。

2. 加快跨境电商师资的引进与培养

针对目前高校普遍缺乏满足创新创业人才培养的跨境电商类师资，我们要采用内外兼修的方法来加以改进。一方面，要让部分教师转型做跨境电商，送出去企业或高校参加相关的课程培训与进修；另一方面，要积极引进跨境电商专业的教师，或者引进有很强实操能力的企业师资做外聘教师。

3. 强化"校内和校外"创新创业实践基地的建设

"双创"背景下需要切实的了解社会对于跨境电商人才的现实需求,所以高校要与多方面进行合作,整合资源为人才的培养提供一定的硬件设备。比如定期组织学生和老师一起去合作企业和工厂进行观摩学习,为学生提供外贸信息和渠道等,这样可以强化校外基地的建设;同时,我们也可以积极购买各类教学软件,以强化校内基地的建设。

二、高校跨境电商创新创业人才培育方向存在的问题及解决方案

(一)高校跨境电商创新创业人才培育方向存在的问题

在有了一个较完善的硬件环境后,对人才的培养最重要的就是把握培养方向,让他们可以更加适用于市场的需求。而跨境电商又是一门专业交叉性很强的课程,因此,高校应该结合市场的实际情况,设计独特的跨境电商创新创业人才的培养方案、课程体系等。

1. "双创"背景下高校跨境电商创新创业人才的培养方案问题

高校跨境电商创新创业人才的培育方案需要国贸专业、电商专业学生的加入,同时根据对跨境电商人才的不同需求设定不同的、有针对性的跨境电商创业人才培育方案。然而,不少高校在实际操作中,并没有这么考虑,在制定实际培养方案的过程中,没有意识到跨境电商创新创业人才与其他专业人才培育的不同之处,制定的培养方案没有针对性。

2. "双创"背景下高校跨境电商创新创业课程设计缺乏针对性

跨境电商其实是一门交叉性极强的专业,而大部分高校开设的跨境电商创业课程忽视了这点,导致该课程缺乏特色。同时,许多高校的跨境电商教师仍以讲授课为主,忽视了实践课程的重要性,即使有安排实践课时也比较敷衍,基本上是以报告的形式完成的。不仅如此,由于高校很多教师自身的实战经验不足,难以根据个性化需求进行灵活的教学,这对培养实用性人才十分不利。

3. "双创"背景下高校跨境电商创新创业人才缺乏国际化视野

跨境电商创新创业人才国际化可以有效解决跨境电商创新创业缺少应用型人才的问题。我国大部分高校对跨境电商创新创业人才的培养主要针对国内市场,而忽略了国外市场的拓展,这就导致了应用型人才的短缺问题,不利于中国全面贯彻"走出去"策略。

(二)高校跨境电商创新创业人才培育方向问题的解决

"双创"背景下,针对高校跨境电商创新创业人才培育方向问题,本书根据实用型

人才的要求,并结合了企业、政府等多方面的资源,整合后具体给出以下几个解决途径。

1. 确立更加明确的人才培养目标

从跨境电商发展对从业者专业知识和实践能力的具体要求来看,优秀的跨境电商人才应该具备良好的语言能力、熟练的跨境电商平台操作能力、丰富的地域知识等。因此,高校应该将培养这样的学生作为自己的目标。"双创"背景下高校除了要以"三位一体",即创新精神、创业意识、创新创业能力为实践教学培养目标以外,还需要将学生的专业知识技能与创新创业精神培育结合起来,使学生具备深度参与跨境电商创新创业的能力。

2. 不断加强课程体系和教材的更新

各高校要根据跨境电商的现实需要,加强课程体系的建设,课程设计要更有实操性,以让学生将来更快地进入职场。为了激励教师主动完善和提高实践教学的实施效果,高校应该制定较为完善的奖罚制度。同时,教材也需要审时度势地跟上"双创"的背景,及时更新,了解最新动态,要符合当前市场的要求。

3. 用国际化的视角来培养跨境电商创新创业人才

根据"双创"的背景和市场的需求,让跨境电商创新创业人才国际化是十分必要的,因为其服务对象和服务平台都是国际化的,所以各校培育该方面人才时,内容应当符合国际化电商人才的培训标准和目标。除此之外,高校在具体的教学过程中,要加强国外案例的研究与实践,让学生真正步入真实的跨境电商创新创业环境中去。

第三节 "双创"背景下跨境电商行业对复合型外语人才需求现状与对策

一、跨境电商发展和外语类专业人才培养现状

随着互联网的迅猛发展以及电子商务平台的广泛使用,跨境电子商务凭借低成本以及高效率等优势在众多商业模式中脱颖而出。跨境电商是电子商务与国际贸易结合下的产物,它将传统交易模式中的商品展示、交易双方的沟通、付款等环节数字化,实现了进出口贸易模式的更新换代,改变了国际贸易的传统经营方式。在全球电子商务高速发展的潮流中,国人对世界各地的商品有着强烈的需求,而世界各国对我们的"中国制造"更是反响热烈。我国的跨境电子商务正以迅猛之势蓬勃发展,已经成为外贸的新引擎。

跨境电商是电子商务与国际贸易相结合而发展出的一种商业运营模式，交易额与日俱增，这一新兴产业的迅猛发展催生了巨大的人才需求。在此经济形势和市场大环境下，各高校外语类专业大学生纷纷加入到这个大队伍中来，通过各类电子商务平台开展就业或创业。而如何创新外语类专业的跨境电商人才培养，培养企业急需的大量跨境电商人才，是当前外语类专业教学迫切需要解决的问题。

在跨境电子商务发展之初，对此新兴产业有经验的人员少之又少，供需的不平衡造成了人才的急缺。这种经营模式为当时有外语特长的高校人才提供了大量的创业与就业机会，学生们取得的成就也是毋庸置疑的。然而机遇与挑战并存，在变幻莫测的经济形势与社会市场背景中，单凭外语这一项能力已不能满足市场的需求。对从业人员素质的要求也随着时代的发展不断提高。除外语能力这一专业要求以外，具有交际能力、创新思想、经贸常识等要求的高素质复合型人才更符合如今的从业人员标准。应具备网店经营管理、在线外语交流、海外网络营销策划及执行、搜索引擎优化、海外客户需求分析等应用能力，即既懂互联网管理、外贸知识又懂外语的复合型人才。跨境电子商务是新兴产业，有经验的跨境电商人才非常少，加上地方高校和社会培训机构还需要调整对人才的培养方案，这都导致了跨境电商复合型人才的急缺。

二、跨境电商发展和外语类专业人才培养存在的问题以及成因

（一）从业人员尚不专业

在众多尚未毕业的跨境电子商务创业者中，有一部分人员是本着随波逐流的思想，或仅仅是看到了成功群体光鲜亮丽的一面。然而，创业这条路是艰辛而又漫长的，创业精神、专业素养和技能本领缺一不可。还有一部分人，遭遇毕业后的就业失败或是考研失利，以错误的想法选择了加入跨境电商的创业中去。创业并非一朝一夕，错误的价值观导向最终的结果只能是失败，消极且迷茫的创业动机成了此类人群通往成功道路上的绊脚石，若其创业精神再不足以给予支撑，脆弱的心理会将其打败。

（二）人才培养尚缺乏创业素养

现如今，各高校外语类教学的质量是不需要质疑的，但优秀的专业素养只能符合创业的基本条件。大部分语言类专业的侧重点为外语的专业性和知识性，学生的脚步仅仅停留在对课本的理解与研读，这样学习对日后的就业与创业几乎可以说是毫无用处甚至是起反作用的。物竞天择，适者生存。市场以肉眼不可见的速度快速更新换代

着，专业知识再优秀，没有对跨境电子商务实际的管理和经营技能，最终只能被淘汰，消失在茫茫创业人潮中。

三、跨境电商发展和外语类专业人才培养解决办法

（一）开展创新创业教育模式

单纯的学好知识性学科是不够的，学校应因材施教，将创新创业增加到学生的课程中，使其正确地认知创业。改变对"好学生"的评价标准，纠正学生对创新创业的错误理解。创业并不是考研或找工作失败后的退而求其次，相反的，真正的创新创业型人才才是现如今社会真正缺少且需要的，并非每个人都能语言能力与实际实行能力并重。让外语专业学生在学好笔译、口译等专业技能的基础上，增强人才培养的实战性，使其在实际沟通交际能力以及创新创业思想上也可以与时俱进，成为市场需要的复合型人才。

（二）打造创新创业环境

环境育人，良好的创新创业环境可以使得学生更好地理解其真正含义，学校可与跨境电子商务企业合作。为符合基本要求的学生提供实习岗位，或定期邀请企业管理者、创新创业成功人士到校内进行讲座或指导。实践出真知，此举既能让外语类专业学生明白什么是真正的创新创业，还能调动创业积极性，使其保持热情。校企双方开展多种形式、多维度、立体化的合作，建立跨境电子商务人才培养实训基地，优化教学内容，改革教育方式，同时对外语类专业学生进行跨境电子商务创业指导，并培养其具有创新思维和应有的创业技能，为跨境电子商务产业输送企业家、职业经理人、操作运营和管理人才，真正做到服务学生学习就业，服务企业生产发展，服务社会经济建设。

（三）调整教学内容

外语类专业应该充分依托产学研合作教育生态育人系统，整合资源，开设国际贸易电子化实务、电子商务外贸英语、语言文化、国际物流、跨境支付等方面的跨专业课程。也可以借鉴国外高校的经验，跨界融合人才培养可提高人才培养质量，并能提高中国高校的教育水平和教学质量，对其他相关专业同样具有借鉴意义，对当前中国高等教育和高等职业教育在课程和学科建设、教育教学改革、实践工程和综合改革中亦将起到辐射、示范和引领作用。

第四节　独立学院跨境电商"双创型"人才培养途径

一、独立学院跨境电商"双创型"人才培养的问题

（一）跨境电商人才培养体系尚未形成

独立学院原来对于国际经济与贸易专业的人才培养方案主要遵循传统贸易的人才需求而设置，如开设初级单证员所需的制单、报关、货运等课程以及中高级的外贸业务主管人才所需的商务沟通、函电口语、市场战略等课程，基本上没有针对跨境电商发展的理论与实践课程和人才培养方案。在新形势下，如何调整人才培养的目标以符合市场对人才的需求、如何在这一目标下设置合理的课程体系、如何将理论课与实训的比重合理安排，这些目前都还没有得到良好的解决。

（二）实践课程比重小，实训平台质量参差不齐

当前独立学院的很多专业缺少特定的实践环节，这种现象在跨境电商的人才培养中尤为凸显，导致学生在毕业后进入跨境电商企业实习时，由于实际操作能力不足造成企业经营效率逐步下滑。所以当前企业在招人时更倾向于选择有经验的跨境电商人才而不是高校毕业生。另外，在进行跨境电商实训时，由于现有可供学生练习的实训平台质量参差不齐，很少有能够对学生进行平台运营与操作管理、选品与刊登、发货与物流配送等全流程提供实操的平台，这也导致了人才培养的供需脱节。

（三）跨境电商理论和实践师资缺乏

当前独立学院的跨境电商类理论和实训师资依然是现有教师体系为主，老师因为没有参与到实际的跨境电商平台和店铺运营当中去，大部分是经过会议或者相关的行业短期培训后来承担跨境电商理论和实践的教学，所以仍然存在着部分的理论和实践脱钩，不能深入的了解行业问题及解决方案问题。而从事跨境电商一线工作的有经验从业者出于时间约束和待遇约束，很少能够来到独立学院承担跨境电商的实操课程讲师，这就导致师资的不足。

（四）高质量跨境电商教材和配套资源短缺

当前独立学院开设跨境电商理论和实践教学还存在一个现实的约束就是可选择的

高质量的配套教材及相关课程资源的不足。在跨境电商行业飞速发展的时期，高校落后于行业的发展，所以没有合适的师资和企业力量合作编写相关的教材以及相关的实训视频教程，这就约束了课程的教学质量和学生的实训效果。

二、独立学院跨境电商"双创型"人才培养的途径

（一）增开跨境电商课程

独立学院国贸专业应该在现有课程的基础上进行调整和增减，增加跨境电商平台运营及相关课程。如：跨境电商物流管理、跨境支付与结算、海外消费者行为与文化、网络创业与创业管理、跨境电商法律与监管、跨境电商案例分析。在专业能力培养的同时促进学生创新创业能力的提升。

（二）构建跨境电商创新创业实践教学体系

从体系结构来讲，可以分成三个层次：第一层次为通识性创新创业教育，其中包括如创新创业理论教育、职业规划大赛、大学生暑期实践、创业沙龙、企业家访谈、国际化创业精英训练营等内容；第二层次为创新创业综合训练，包括跨境电商虚拟仿真操作、大数据创新班、创新创业特训营、电商相关大赛等；第三层次为创业孵化，包括网络经济创业园、大学生众创空间、跨境电商"零创"平台等。

（三）增强校企合作

独立学院应与行业企业共建跨境电商人才培养基地，针对互联网以及电子商务前沿动态和发展趋势，共同培养既具备跨境电商相关知识、又懂操作技巧和实践经验的跨境电商人才。独立学院可与行业企业签订校企合作协议，依托企业的跨境电商实战平台，由跨境电商企业实战大卖家传授学生最新知识和实操技能。跨境电商人才培养基地针对企业所属行业、区域等特点，有针对性地培训学生学习 B2B/B2C 等多跨境平台实操，实现学生零距离就业。

第五节 湖南外贸职业学院"双创型"跨境电商人才培养模式的实践

2013 年，习近平主席在中亚访问时提出了"一带一路"的构想，这一构想为我国

今后的经济发展指明了方向。2015 年的政府工作报告把建设"一带一路"摆在调整区域经济结构三大任务之首，国务院出台的《关于促进跨境电子商务健康发展的指导意见》提出要大力支持跨境电子商务发展。湖南作为中部省份，开放型经济是湖南经济发展的一块"短板"。对此，湖南外贸职业学院抓住"一带一路"倡议带来的机遇，培养更多"双创型"跨境电子商务人才，服务与周边国家的经贸合作，有利于用"互联网＋外贸"推动开放型经济发展升级，有利于全面提升湖南开放型经济的发展水平。

一、聚焦跨境电商新业态，构建科学的教学体系

为适应跨境电商这一外贸新业态的迅速发展，学院构建了"三阶三层岗课对接"的模块化课程体系、"四段递进"的实践教学体系。依托"湖南国际经贸职教集团"，建立专业建设指导委员会，在企业设立就业岗位监测站，每年进行一次专业调研；紧跟跨境电商服务行业发展的趋势，实施专业人才培养质量年报制度，动态反馈和优化专业群内专业结构。通过专业教师企业实践、调研走访企业专家、毕业生跟踪调查、岗位检测数据反馈分析等方式，监测企业行业发展和岗位工作任务变化，定期分析人才需求信息、修订人才培养方案，优化课程体系，更新课程内容。

以"岗课"对接的理念为指导，将助理跨境电子商务师岗位、跨境电商网站建设与维护岗位、跨境电子商务平台应用专员岗位、网络营销员岗位和外贸业务员岗位 5 个主要岗位确定为核心岗位，建立了人文素养课程及专业基础课程模块、专业核心课程模块和专业拓展课程模块三大课程模块。其中，人文素养课程模块培养学生人文素养能力；专业基础共享课程模块培养学生职业岗位基本能力，也是专业群通用能力；专业核心课程模块按"专业岗位分析—工作任务分解—职业能力养成—专业课程设置"的程序解构业务流程，重构"岗课"融合的课程体系，培养学生特定的岗位能力；专业拓展共享课程模块培养学生素质拓展能力。

"四段递进"实践教学体系由基础技能实训、专项技能实训、综合技能实训和企业岗位实践四个阶段构成。基础技能实训和专项技能实训，由校内专任教师指导完成；综合技能实训项目，由校内专任教师、企业专家指导完成；企业岗位实践，依托校内公司、校外实践基地完成。通过"四段递进"实践教学体系的实施，使实践教学时间达专业总课时的 50%以上。

二、依据岗课融合理念，开发丰富的课程教学资源

校企共建了 17 门人文素养和专业基础课程，23 门专业核心课程，其中 9 门专业优

秀核心课程，5门专业拓展课程，共同开发、修订了立体化教材15本。针对湖南现阶段跨境电商情况，充分结合本土调研，与本土企业共同编纂了《湖南县域经济发展战略研究》教材，开创了湖南外贸职业学院在跨境电商领域为湖南县域经济发展服务的先例；建立了符合跨境电商岗位需求的课程标准；构建了基于职教云、世界大学城、微信公众号、国际商务仿真实训平台和专业群信息化教学平台，面向广大学生、教师、从业人员、社会学习者等用户，建立可供各专业共享的，由专业标准库、课程资源库、职业信息库、培训资源库所构成的"四库三平台"的数字化教学资源库。

三、以网络课程资源为依托，实施信息化课程教学改革

以跨境电商网络课程资源为依托，以世界大学城平台为媒介，以学生为载体，利用翻转课堂，运用O2O新型教学模式，结合微课教学新模式，将跨境电商优质特色课程和共享课程纳入跨境电商微课体系建设，作为课堂教学的补充和延伸，突出课程的技能点、技巧点、项目点，达到课内课外融会贯通。建成了涵盖1门省级精品课程、1门省级名师空间课堂课程、9门在线资源库课程的跨境电商教学资源库，面向社会开放，供在校学生、教师、企业员工和社会学习者共享共用。其中，国际贸易实务立项为省级精品课程。实现了所有课程资源的网络共享，全面推行信息化教学。经过教学改革，教师与学生在相关竞赛中均取得较好成绩。

四、引入企业参与机制，完善多元教学评价模式

实施了企业参与的多元评价模式，校企共同参与开发质量综合评价标准，就学生的学习态度、课程考核、项目参与、技能抽查、毕业设计等内容开展以个人自评、小组互评、教师评价、企业评价等多元形式的评价模式。学生参加全省技能抽查合格率达到100%，优秀率达到70%以上（见表8-1）。

表8-1 企业参与的多元评价一览表

评价内容	评价方式	所占比例	评价主体
学习态度	个人自评	10%	学生
	小组互评	10%	学生
	学校教师评价	50%	学校
	企业导师评价	30%	企业

评价内容	评价方式	所占比例	评价主体
课程考核	个人自评	10%	学生
	小组互评	10%	学生
	学校教师评价	60%	学校
	企业导师评价	10%	企业
项目参与	个人自评	10%	学生
	小组互评	10%	学生
	学校教师评价	40%	学校
	企业导师评价	40%	企业
技能抽查	学校教师评价	60%	学校
	企业导师评价	40%	企业
毕业设计	学校教师评价	60%	学校
	企业导师评价	40%	企业
职业素养	学校教师评价	40%	学校
	企业导师评价	60%	企业

五、注重"双创双师"教师培养，形成专兼结合的"双创双师"教学团队

学院建立了完善的双创双师教师培养机制，拥有一支实力雄厚的跨境电商双师型教师团队，每年投入 50 万元进行跨境电商师资培训，近 3 年培训教师约 40 人次，均通过考核，取得了跨境电子商务师证书。目前有 50%教师在企业兼职、在各类跨境电商平台从事创业活动。近年来，学院充分发挥行业优势，依托职业教育集团，深入开展了学校与企业、学校与产业园区、学校与商会的合作，注重引进企业人才和名师大师，选聘了跨境电商企业一线专家或高级管理人员担任校外兼职跨境电商双创讲师，形成了一只专兼结合的"双创双师"专业教学团队。

六、区位优势与行业优势明显

2017 年，学院新建校外实训基地 100 余家，校外实训基地总数达 300 家，均为有一定规模（能同时接纳 10 名以上学生），集教学、生产、培训和技术服务于一体的紧密型校外实训基地，可同时容纳 3 500 名学生顶岗实习。扩展了校外工学结合实习实训

基地数量，为专业教师进行双师型培训提供了契机，增加了教师和学生进入跨境电商企业跟岗、顶岗的概率，提高了师生跨境电商职业素养，更好地融入企业文化。学校有着丰富的区位优势与行业优势，已与湖南省金霞跨境工业园深度融合，同时依托湘潭九华工业园区和星沙工业园区等合作单位，在巩固现有的70家校外实训基地的基础上，从国际商贸服务龙头企业中遴选新增30家先进的、工位充足的校外生产性实习实训基地。在东盟、澳洲、北美洲等国设立了境外实习实训基地10个。逐步实现与100家国内外企业进行深度合作，以保证3 000名学生同时顶岗实习的需要。

七、学生创业项目效益产出显著

学院与湖南省跨境电商产业园合作成立了跨境电商创新创业孵化基地。学校自2015年启动校内创业孵化基地建设以来，在充分整合湖南省电子商务创业孵化基地等外部资源的基础上，建有占地面积800多平方米的校内创业孵化基地，先后入驻各类创业项目26个，孵项目16个，孵化成功2个；为配合创业孵化工作，学校于2016年设立了总金额为20万元的校内创业基金用以支持项目孵化；形成了一个有12名校内外创业导师组成的导师团队；初步建立了创业孵化基地管理、导师遴选和管理、创业基金筹集和管理办法等规章制度。该创业孵化基地已为200多名跨境电商专业方向人才提供了创业创新实习实践。孵化器对于入驻项目提供全方位保障和支持，已有163名学生通过孵化基地的入驻企业进行了创业实践。同时依托现有校企合作网络平台资源——阿里巴巴国际站、速卖通、亚马逊、eBay、wish、敦煌网等，鼓励和引导200多名电子商务、市场营销、国际贸易、商务英语、国际商务（跨境电商方向）、网络营销等专业学生在以上跨境电商平台开办了自营网店，通过一年以上的运营，200多个网店年平均盈利额达1 200美元左右。通过这一系列创业实践课程，充分调动和培养了跨境电商学生的自主创业积极性、创新意识和创新创业能力。

参考文献

[1] 程书强，唐光海. 互联网创业基础［M］. 北京：北京理工大学出版社，2016.

[2] 董振国，贾卓. 跨境电商多平台运营，你会做吗？［M］. 北京：中国海关出版社，2018.

[3] 天下网商. 下一代电商：从五大趋势看电商转型方向［M］. 杭州：浙江大学出版社，2016.

[4] 肖文. 电商大课堂：跨境电商潮［M］. 杭州：浙江大学出版社，2018.

[5] 张季菁，秦勇. 跨境电商与多语言服务创新型人才培养：四川外国语大学学生创业案例集［M］. 北京：中国经济出版社，2018.

[6] 张永捷，姜宏，李冰编. 跨境电子商务新手攻略［M］. 北京：对外经济贸易大学出版社，2015.

[7] 邹益民，黄海滨，高丁莉. 跨境电商综合实训平台实验教程［M］. 杭州：浙江大学出版社，2018.

[8] 蔡素妹. 校企协同模式下跨境电商创新创业人才培养路径探析［J］. 延边教育学院学报，2020，34（3）：131-133.

[9] 韩国威. 高职创业型跨境电商人才培养模式研究［J］. 湖北成人教育学院学报，2019，25（6）：32-37.

[10] 李智超. 跨境电商创业人才培养模式的探索与实践——以中心职业技术学院为例［J］. 课程教育研究，2019（14）：55-56.

[11] 郑颖. 跨境电商创业型人才培养模式［J］. 现代营销（下旬刊），2018（6）：179.

[12] 周磊. 产学研模式下的跨境电商创业人才培养研究［J］. 经济技术协作信息，2020（15）：1.